ALEXANDER HERRMANN

WEIL'S **EINFACH** BESSER IST

ALEXANDER HERRMANN

WEIL'S **EINFACH** BESSER IST

Für jede Zutat die perfekte Zubereitungsart

DK

Inhalt

AH ALEXANDER HERRMANN

»Mehr braucht's nicht«

Als Spitzenkoch läuft man stets Gefahr zu vereinsamen. Und das liegt nicht an den Arbeitszeiten. Nein, es werden kaum mehr private Einladungen ausgesprochen. Denn jeder Gastgeber denkt sich im Vorfeld: »Um Gottes willen, was soll ich für den denn kochen?« Und schon findet wieder ein Essen in geselliger Runde ohne mich statt. Wenn sich doch mal jemand »traut«, mich einzuladen, entschuldigt er oder sie sich schon im Vorfeld für das Essen, während des Essens übt der Gastgeber sich in Selbstkritik, und im Nachhinein sieht man einen leicht gequälten Gesichtsausdruck, der besagt: »Ob es ihm wohl geschmeckt hat?«

Ganz ehrlich, liebe Freunde: Ich finde das schade. Wenn ihr einen Frisör als Gast habt, entschuldigt ihr euch doch auch nicht als Erstes dafür, dass ihr einen bad hair day habt. Und stellt euch vor, ihr würdet euch bei der eingeladenen Schönheitschirurgin rechtfertigen: »Meine Nase ist zwar noch nicht gerichtet, aber ich hoffe, du hast trotzdem einen schönen Abend.« Zugegeben, es ist ein wenig überspitzt. Aber daran seht ihr, wie absurd die Idee ist, dass ihr einem Spitzenkoch nichts Leckeres servieren könnt.

Liebe Menschen in meiner Umgebung, ich möchte euch – und alle Leser, die glauben, sie müssten mit jeder Einladung zur Höchstform auflaufen – beruhigen. Ich behaupte, dass man nicht nur mich, sondern alle Gourmets in eurem Freundeskreis direkt im Herzen erreichen kann: mit einfachen, hochwertigen Produkten und schlichten Zubereitungen. Wenn die Produkte so gut sind, dass sie es verdienen, im Mittelpunkt zu stehen, wird das Essen köstlich. Und wenn sich dann noch die Gastgeber entspannen, können wir alle zusammen einen schönen Abend genießen. Denn es ist so einfach: eine großartige Pasta, auf den Punkt gekocht, eine schöne Sauce dazu, fertig! Ein pures Schnitzel, was will man mehr? Es sind und bleiben die einfachen und klaren Dinge, die auch den Spitzenkoch und viele andere mit hohem Anspruch glücklich machen.

Deswegen möchte ich dieses Buch ganz schlicht mit einem Schnittlauchbrot beginnen. Ein Schnittlauchbrot, so simpel es klingt, ist eine Weltspezialität und zeigt, was wir mit Deutschland verbinden: die Kunst des Brotbackens, die gute Butter und den Schnittlauch, dessen Aromen so gar nicht mediterran, sondern nordisch schmecken, nach Heimat. Wenn man das noch etwas pimpen möchte, dann ist ein hervorragender, dünn aufgeschnittener Schinken eine wunderbare Ergänzung. Ganz klar – mehr braucht es nicht.

Dieses Buch steht für alle »Mehr-braucht's-nicht-Momente«, für die Reduzierung auf das Wesentliche und gleichzeitig für die Liebe zum Essen – und zum Kochen. Denn wenn ich mich

dafür stark mache, dass wir uns auf dem Teller auf das Wesentliche beschränken, dann ist es nur konsequent, das auch bei der Zubereitung, beim Handwerk, zu tun.

Deswegen sind die Kapitel in diesem Buch nach Zubereitungsarten geordnet. Denn wenn ich ein Produkt im Topf zubereite, entwickelt es sich geschmacklich ganz anders als zum Beispiel im Ofen. Auch die Pfanne hat ihre klaren Vorteile gegenüber dem Topf – und umgekehrt. Jede Zubereitungsart führt zu anderen Ergebnissen, und der pointierte Moment auf dem Teller, die Konzentration aufs Wesentliche, ist ohne den konzentrierten Moment in der Küche undenkbar.

Und gehen wir in der Timeline des guten Essens noch einen weiteren Schritt zurück: Vor dem Moment in der Küche steht die Produktauswahl. Sie ist das A & O. Ich kann es gar nicht oft genug sagen: Ein Gericht wird nicht besser, weil es viele teure Produkte enthält, nein, es wird köstlich, wenn die Produkte hochwertig sind. So wechseln auch in diesem Buch Gerichte mit ganz einfachen, preiswerten Produkten ab mit teureren, die man sich sicher nicht täglich leistet. Rezepte mit Pasta, Brot und Gemüse sollen und dürfen neben Rezepten mit Trüffel, Kaviar oder außergewöhnlichen Krustentieren stehen – ein Unterschied im Preis, aber nicht in der Qualität.

Echte Gourmets orientieren sich nicht am Wert eines Gerichtes, sondern am Geschmack. Denn was kann ich am meisten genießen? Klare, konzentrierte Gerichte, einen Kochstil, den ich gern »minimalistische Opulenz« nenne. Wenn ein Gericht keine versteckten Rätsel enthält, dann kann ich mich entspannen ... am liebsten übrigens bei einer Einladung von Freunden.

ROH

So viel wie nötig, so wenig wie möglich

So viel wie nötig, so wenig wie möglich – das ist meine Devise beim Kapitel »Roh«. Das klingt erst mal einfach. Aber tatsächlich ist es eine Herausforderung, ein Produkt möglichst ursprünglich zu servieren. Denn auch wenn ich es roh belassen möchte, soll ja ein komplettes Gericht entstehen. Um das Produkt zu verwandeln, steht mir nun nur mein Geschick beim Würzen und Aromatisieren zur Verfügung. Das Tolle daran ist: Ohne Einfluss von Hitze – ob durch Pfanne, Herd, Topf oder Backofen – ist die Aromendichte eines Tellers eine ganz andere, das Gericht ist ein Stück echter. Ich bin von diesen Zubereitungen gerade unglaublich fasziniert.

In diesem Kapitel entstehen sehr klare, puristische Spezialitäten und Gerichte, die zwischen dem intellektuellen Anspruch der japanischen Küche und dem Trend zu Carpaccio, Ceviche und Tatar pendeln.

Frisches Schnittlauchbrot mit Fassbutter und Bauernspeck

FÜR 2 PERSONEN

FÜR DAS SCHNITTLAUCHBROT

3–4 Scheiben dunkel gebackenes **Sauerteigbrot**

2–3 EL **Fass-** oder **Süßrahmbutter**

2 Bund **Schnittlauch,** gewaschen und unmittelbar vor dem Servieren in feine Ringe geschnitten

NACH BELIEBEN

4–6 mittelgroße **Radieschen,** gewaschen, geputzt, in feine Scheiben geschnitten oder gehobelt

Salz

ZUM ANRICHTEN

100 g geräucherter, hauchfein geschnittener **Bauernspeck**

Die **Brotscheiben** dick mit **Butter** bestreichen.

Es gibt 2 Möglichkeiten:

Diejenigen, die Schnittlauch lieben, tauchen das Butterbrot umgekehrt in die fein geschnittenen **Schnittlauchröllchen** und drücken es fest an. Auf der Butter bleiben die Schnittlauchröllchen gut haften.

Wer weniger Zwiebelgeschmack möchte, schneidet den Schnittlauch etwas gröber und bestreut dann das Butterbrot damit.

Wer mag, serviert dazu **Radieschen.** Die Radieschenscheiben mit 1 Prise **Salz** würzen, durchrühren und 2–3 Minuten ziehen lassen.

Das Schnittlauchbrot in Stücke oder Streifen schneiden, mit dem **Bauernspeck** anrichten und mit den frischen Radieschen servieren.

ÜBRIGENS ...

Jetzt werden Sie sicherlich sagen: »Der Herrmann ist verrückt!« Braucht man für ein Schnittlauchbrot ein Rezept? Ich sage ganz klar JA. Denn hier ist das Produkt der pure Star. Schon allein die Auswahl des richtigen Brotes ist eine Herausforderung. Auch die Butter ist entscheidend. Der frische Fassbuttergeschmack ist unübertroffen gut. Versuchen Sie es selber – am besten mit einer Blindverkostung.

Röstbrot mit Rindercarpaccio und scharfer Senfsauce

FÜR 2 PERSONEN

2 dicke **Bauernbrotscheiben**
½ **Knoblauchzehe**
½ **rote Zwiebel** (50 g), geschält, halbiert und in hauchdünne Streifen geschnitten
Salz

FÜR DIE SENFSAUCE
1 EL **mittelscharfer Senf**
1 EL **scharfer Senf**
1 Spritzer **Zitronensaft**
2 EL **Olivenöl**
brauner **Zucker**
Salz
schwarzer **Pfeffer** aus der Mühle

FÜR DAS RINDERCARPACCIO
200 g **Rinderfilet,** in 12 etwa 0,5 cm dicke Scheiben geschnitten
Fleur de sel
schwarzer **Pfeffer** aus der Mühle
1 Msp. feiner Abrieb von der Bio-**Zitrone**

ZUM ANRICHTEN
1 Spritzer **Zitronensaft**
1 Spritzer **Olivenöl**
Salz
1 Stängel glatte **Petersilie,** gewaschen, Blätter abgezupft und grob gehackt
schwarzer **Pfeffer** aus der Mühle

Die **Brotscheiben** in einer heißen Pfanne ohne Fett von einer Seite 1 Minute goldbraun und knusprig rösten, herausheben und mit der Schnittfläche des **Knoblauchs** gut einreiben.

Die **Zwiebelstreifen** in eine Schüssel geben und mit 1 Prise **Salz** würzen. Am besten mit den Händen gut durchkneten und 5 Minuten ziehen lassen.

Für die Sauce die beiden **Senfsorten** mit **Zitronensaft** und **Olivenöl** verrühren. Mit je 1 Prise braunem **Zucker** und **Salz** sowie etwas **Pfeffer** würzen.

Für das Rindercarpaccio die **Filetscheiben** mit einem breiten Messer flach streichen. Je nach Größe noch einmal halbieren. Mit 2 Prisen **Fleur de sel, Pfeffer** und **Zitronenabrieb** würzen und kurz beiseitestellen.

Für die Garnitur **Zitronensaft** und **Olivenöl** in einer kleinen Schüssel verrühren, mit 1 Prise **Salz** würzen, die gehackte **Petersilie** dazugeben und marinieren.

Die abgekühlten Brotscheiben mit den Rinderfiletscheiben, der saftigen Zwiebel und der Petersilie belegen und mit der Senfmarinade beträufeln. Zum Schluss noch mal gut mit frischem **Pfeffer** aus der Mühle würzen und servieren.

ÜBRIGENS …
Krosses Brot, leicht lauwarm, und dann aromatisches säuerlich-scharfes Carpaccio. Eine Kombination, die keiner weiteren Erklärung bedarf …
Das geht direkt ins Gourmetherz!

Kichererbsenaufstrich mit Gurkennudeln und Oliven

FÜR 2 PERSONEN

FÜR DEN KICHERERBSEN-AUFSTRICH

- 1 kleine **Schalotte** (20 g), geschält und in feine Würfel geschnitten
- 3½ EL **Olivenöl**
- **Salz**
- 265 g **Kichererbsen** (Dose), abgegossen und gründlich mit kaltem Wasser abgebraust
- 100 ml **Gemüsebrühe**
- 1 Msp. **Cayennepfeffer**
- 1 Msp. **Currypulver**
- 1 TL geröstetes **Sesamöl**
- 1 Spritzer **Zitronensaft**

FÜR DIE GURKENNUDELN

- ½ **Salatgurke** (250 g), geschält
- 2 Prisen **Salz**
- 2 Prisen getrockneter **Dill**
- Abrieb und Saft von ¼ Bio-**Limette**
- schwarzer **Pfeffer** aus der Mühle
- 1 TL **Olivenöl**

ZUM SERVIEREN

- etwa 200 g **Fladenbrot, Ciabatta** oder **helles Bauernbrot,** in fingerdicke Scheiben geschnitten

ZUM ANRICHTEN

- 80 g **Kalamata-Oliven** ohne Stein, in grobe Stücke geschnitten
- 1 TL **schwarzer Sesam**
- 1 TL gerösteter **weißer Sesam**
- **Olivenöl** zum Beträufeln
- schwarzer **Pfeffer** aus der Mühle

Für den Aufstrich die **Schalottenwürfel** in 1 TL **Olivenöl** bei mittlerer Hitze 1–2 Minuten glasig anschwitzen. Mit 1 Prise **Salz** würzen**,** die **Kichererbsen** dazugeben, kurz durchrühren, mit der **Gemüsebrühe** ablöschen und aufkochen lassen. Kichererbsen und Brühe in einen hohen Becher geben, mit **Cayennepfeffer** und **Curry** würzen und mit dem Stabmixer pürieren. Zum Schluss das **Sesamöl** und das restliche Olivenöl (3 EL) untermixen und mit Salz und **Zitronensaft** abschmecken.

Für die Gurkennudeln die **Gurke** mit dem Sparschäler ringsherum bis auf das Kerngehäuse abschälen. Die Gurkennudeln mit **Salz** bestreuen und 5 Minuten ziehen lassen.

Inzwischen das **Brot** in einer heißen Pfanne ohne Fett von beiden Seiten insgesamt 1–2 Minuten goldbraun rösten.

Die Gurkennudeln mit **Dill, Limettenabrieb und -saft** mischen, mit **Pfeffer** würzen und dann mit dem **Olivenöl** verfeinern.

Die gerösteten Brotscheiben dick mit dem Kichererbsenaufstrich bestreichen, **Oliven** und Gurkennudeln darauf verteilen und mit **Sesam** bestreuen. Am Tisch noch mit ein paar Tropfen **Olivenöl** beträufeln, mit **Pfeffer** übermahlen und genießen.

ÜBRIGENS ...

Beim Abschmecken des Kichererbsenpürees gilt: Viel bringt viel! Allerdings nichts übertreiben, Brot und Gurke gleichen die Intensität aus.

Avocado-Tramezzini mit Cashewkernen und Gartenkresse

FÜR 2 PERSONEN

FÜR DIE AVOCADOCREME

1 große **Avocado** (etwa 250 g), halbiert, entkernt, Fruchtfleisch mit einem Löffel ausgelöst

2 Spritzer **Zitronensaft**

Salz

brauner **Zucker**

schwarzer **Pfeffer** aus der Mühle

FÜR DEN BELAG

80 g **Cashewkerne**

1 Kiste **Gartenkresse,** abgeschnitten

1 kleines Stück **Meerrettich,** geschält

ZUM SERVIEREN

3 Scheiben **Tramezzinibrot** (160 g)

Den Backofen auf Grillfunktion vorheizen.

Das Fruchtfleisch der **Avocado** in einen hohen Becher geben, mit **Zitronensaft** und 1 EL kaltem Wasser beträufeln, mit 3 Prisen **Salz,** 1 Prise **Zucker** und etwas **Pfeffer** würzen und mit dem Stabmixer zu einer glatten, glänzenden Creme pürieren.

Für den Belag die **Cashewkerne** in einer Pfanne ohne Fett bei mittlerer Hitze ringsherum 3 Minuten rösten, dann auskühlen lassen. Die Kerne grob hacken oder mit den Fingern zerbröseln.

Parallel dazu die **Tramezzini** im Ofen von beiden Seiten insgesamt 2 Minuten hell rösten. Herausnehmen und leicht abkühlen lassen.

Eine Brotscheibe mit einem Drittel der Avocadocreme bestreichen. Dann gleichmäßig die **Gartenkresse** darauf verteilen. Das Brot zur Hälfte mit den Cashewkernen belegen. Zum Schluss den **Meerrettich** frisch darüberreiben. Mit den verbleibenden beiden Brotscheiben genauso verfahren.

Die Tramezzini halbieren, die Hälften aufeinanderlegen, leicht andrücken, in Stücke schneiden und servieren.

ÜBRIGENS ...

Das perfekte Pausenbrot für Feinschmecker! Alles bleibt knackig und absolut aromatisch.

Ciabatta-Brotsalat mit bunten Gartentomaten und Parmesan

FÜR 2 PERSONEN

FÜR DEN BROTSALAT

600 g reife bunte **Tomaten,** gewaschen, vom Strunk befreit, in etwa 1,5 cm große Würfel geschnitten

Salz

brauner **Zucker**

200 g **Ciabatta,** natur oder mit Kräutern, in 2 cm dicke Scheiben geschnitten

FÜR DAS DRESSING

4 EL **Olivenöl**

2 dünne Scheiben **Knoblauch,** in feine Würfel geschnitten

1 dünne **Frühlingszwiebel** (20 g), gewaschen, geputzt und in feine Ringe geschnitten

Salz

1 EL **Weißweinessig**

schwarzer **Pfeffer** aus der Mühle

2 Stängel **Basilikum,** gewaschen, Blätter grob zerzupft

ZUM ANRICHTEN

40 g **Parmesan,** in Späne gehobelt

einige Spritzer **Olivenöl**

schwarzer **Pfeffer** aus der Mühle

Den Backofen auf Grillfunktion vorheizen.

Die **Tomaten** in ein Sieb geben und dieses auf eine passende Schüssel stellen. Etwa ein Fünftel (120 g) der Tomatenwürfel mit den Händen zerquetschen. Mit je 2 Prisen **Salz** und **Zucker** würzen, gut durchrühren und 5 Minuten ziehen lassen.

Inzwischen die **Ciabattascheiben** auf der obersten Schiene des Ofens von jeder Seite 1–2 Minuten goldbraun und knusprig rösten. Dann herausnehmen, leicht abkühlen lassen und in mundgerechte Stücke zupfen. In eine Schüssel geben.

Für das Dressing in einem kleinen Topf 1 EL **Olivenöl** erhitzen. **Knoblauch** und **Frühlingszwiebel** darin bei mittlerer Hitze 2 Minuten anschwitzen, ohne dass sie Farbe annehmen. Mit 1 Prise Salz **würzen** und vom Herd ziehen.

Die Tomaten zu den zerzupften Brotstücken geben. Den aufgefangenen Tomatensud mit **Essig,** Zwiebel und Knoblauch mischen und das restliche Olivenöl (3 EL) unterrühren. Mit **Pfeffer** und Salz abschmecken.

Tomaten, Brot und **Basilikumblättchen** ganz locker mit dem Dressing mischen, auf Tellern anrichten, mit **Parmesanspänen** garnieren, mit ein paar Tropfen **Olivenöl** beträufeln, mit frischem **Pfeffer** aus der Mühle übermahlen und servieren.

ÜBRIGENS …

Tomaten sind hier das Wichtigste! Oft sind Gartentomaten nicht die schönsten, aber dafür am aromatischsten.

»Ein rohes Gericht ist ein Stück echter.«

Rindertatar mit 6-Minuten-Mayonnaise

FÜR 2 PERSONEN

FÜR DIE MAYONNAISE

1 Bio-**Landei** (M)

20 g scharfer oder mittelscharfer **Senf**

20 g **Rapsöl**

Salz

schwarzer **Pfeffer** aus der Mühle

FÜR DAS RINDERTATAR

300 g **Rinderhüfte,** durch den Fleischwolf gedreht

Fleur de sel

schwarzer **Pfeffer** aus der Mühle

1–2 Msp. **Cayennepfeffer**

ZUM ANRICHTEN

1 dünne **Frühlingszwiebel** (20 g), gewaschen, geputzt und ganz fein geschnitten

Salz

1 EL **Butterschmalz**

30 g **Kapern** (Glas), auf einem Küchenpapier abgetropft

60 g **Essiggurken** (Glas), geschält und in feine Würfel geschnitten

ZUM SERVIEREN

Bauern- oder **Weißbrot**

Butter nach Belieben

KÜCHENHELFER

1 Anrichtering (Ø etwa 8 cm)

Für die Mayonnaise das **Ei** in kochendes Wasser geben und 6 Minuten kochen lassen. Dann abgießen und mit kaltem Wasser abschrecken. Das Ei schälen, mit **Senf** und **Öl** in einen hohen Becher geben, mit dem Stabmixer zu einer glänzenden, cremigen Mayonnaise aufmixen und mit **Salz** und **Pfeffer** abschmecken.

Das **Rindfleisch** auf einem Teller verteilen und mit 4 Prisen **Fleur de sel,** etwas schwarzem **Pfeffer** und **Cayennepfeffer** würzen. Kurz beiseitestellen.

Die **Frühlingszwiebel** in eine Schüssel geben, mit 1 Prise **Salz** würzen, umrühren und kurz ziehen lassen.

Inzwischen das **Butterschmalz** in einer kleinen Pfanne stark erhitzen. Die abgetropften **Kapern** dazugeben (Vorsicht: Es spritzt!), mit einem Deckel abdecken und 1 Minute knusprig frittieren. Aus der Pfanne auf ein Küchenpapier geben und abkühlen lassen.

Das Rindertatar mithilfe des Anrichterings portionsweise auf Tellern anrichten, mit Mayonnaise, **Gurken,** Kapern und Frühlingszwiebel garnieren und zum Beispiel mit frischem oder geröstetem **Bauern-** oder **Weißbrot** und **Butter** servieren.

ÜBRIGENS …

Rinderhüfte ist perfekt für Tatar. Sie ist günstiger als Filet, vor allem aber doppelt so aromatisch!

Kalbstatar »carne crudo« mit Staudensellerie und Limone

FÜR 2 PERSONEN

FÜR DAS KALBSTATAR

200 g **Kalbsfilet,** in feine Würfel geschnitten, dann fein gehackt

100 g **Staudensellerie,** Stangen geschält, je nach Größe der Länge nach halbiert und schräg in feine Scheiben geschnitten

Salz

schwarzer **Pfeffer** aus der Mühle

2 EL **Olivenöl**

Abrieb und Saft von ¼ Bio-**Limette**

ZUM ANRICHTEN

einige **Staudensellerie-blätter,** gewaschen und grob zerzupft

1 Spritzer **Zitronensaft**

Olivenöl

Salz

schwarzer **Pfeffer** aus der Mühle

etwa 30 g **Parmesan,** frisch gerieben (nach Belieben grob oder fein)

Das **Kalbsfilet** mit dem **Staudensellerie** in eine Schüssel geben, mit 2–3 Prisen **Salz** und etwas **Pfeffer** würzen, mit **Olivenöl** beträufeln und gut durchmischen. Kurz ziehen lassen.

Die **Staudensellerieblätter** zum Anrichten mit **Zitronensaft** und ein paar Tropfen **Olivenöl** mischen und mit **Salz** und **Pfeffer** abschmecken.

Das Kalbstatar erst jetzt mit **Limettenabrieb** und **-saft** verfeinern, nochmals mit Salz und Pfeffer abschmecken und mit den Staudensellerieblättern auf Tellern anrichten.

Mit **Parmesan** bestreuen und mit Pfeffer übermahlen. Einige Tropfen Olivenöl darüberträufeln und zum Beispiel mit frischem **Weißbrot** oder **Grissini** servieren.

ÜBRIGENS …
Ich bin verrückt nach dieser Kombination! Für mich das Edelste, was Tatar und die mediterrane Welt zu bieten haben (außer es gäbe noch Trüffel dazu …).

Forellen-Ceviche mit Schalotten, Senfkörnern und zweierlei Meerrettich

FÜR 2 PERSONEN

FÜR DAS FORELLEN-CEVICHE

2 frische **Forellenfilets,** küchenfertig, ohne Haut, in 1–1,5 cm große Stücke geschnitten

Fleur de sel

2 EL **Weißweinessig**

5 g helle **Senfkörner**

1 **Schalotte** (40 g), geschält und in feine Scheiben geschnitten

1 EL **Rapsöl**

schwarzer **Pfeffer** aus der Mühle

FÜR DIE DILLGURKEN

200 g **Salatgurke,** geschält, entkernt, der Länge nach zuerst in 4 Streifen und dann schräg in 1 cm große Stücke geschnitten

Salz

brauner **Zucker**

1–2 Stängel **Dill,** abgezupft, ein paar Spitzen zur Dekoration beiseitegelegt, Stiele und restliche Dillspitzen fein gehackt

schwarzer **Pfeffer** aus der Mühle

ZUM ANRICHTEN

2 TL **Sahnemeerrettich** (Glas)

ein kleines Stück **Meerrettich,** geschält

Die **Fischstücke** in eine flache Auflaufform legen, mit 2–3 Prisen **Fleur de sel** würzen, mit **Weißweinessig** beträufeln, vorsichtig mischen und 20 Minuten ziehen lassen; dadurch wird der Fisch gebeizt.

Inzwischen die **Senfkörner** in kochendes Wasser geben und 8 Minuten kochen. Die **Schalottenscheiben** hinzugeben und 2 Minuten mitgaren. Dann Senfkörner und Schalotten abgießen, mit kaltem Wasser abbrausen und gut abtropfen lassen.

Parallel dazu für die Dillgurken die **Gurkenstücke** mit 2 Prisen **Salz** und 1 Prise **Zucker** würzen, durchmischen, kurz ziehen lassen und dann mit dem gehackten **Dill** und **Pfeffer** verfeinern.

Senfkörner und Schalotte zum Fisch geben, mit **Rapsöl** beträufeln und alles locker vermischen, eventuell nochmals mit Fleur de sel und **Pfeffer** abschmecken.

Je 1 TL **Sahnemeerrettich** auf einem flachen Teller verstreichen. Die marinierten Fischstücke darauf anrichten, mit Gurkenstücken und Dill garnieren.
Zum Schluss den **Meerrettich** frisch darüberreiben und servieren.

ÜBRIGENS ...
Ceviche lebt von der aromatischen Kraft der Säure, die den Fisch quasi gart. Dies ist eine geschmackliche Highend-Variante.

Carabineros-Ceviche mit roten Zwiebeln und Koriander

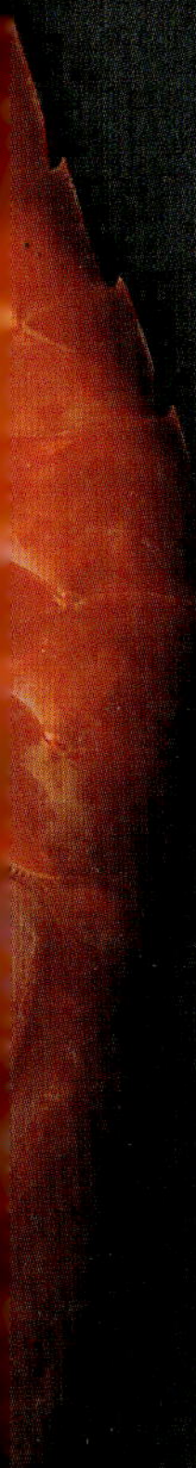

FÜR 2 PERSONEN

FÜR DAS CEVICHE

6 **Carabineros** (rote Riesengarnelen), küchenfertig, ohne Schale und Darm

Fleur de sel

Abrieb und Saft von ½ Bio-**Limette**

FÜR DIE MARINADE

1 Stück **rote Zwiebel** (10 g), geschält und in hauchfeine Würfel geschnitten

2 dünne Scheiben **Knoblauch,** in hauchfeine Würfel gehackt

1 Prise **Chiliflocken**

1 Stängel **Koriander** mit Wurzel, gewaschen, Wurzel und Stiel fein geschnitten, Blätter grob zerzupft

Salz

2 EL **Olivenöl**

ZUM ANRICHTEN

1 TL gerösteter **Sesam**

Die **Carabineros** auf einen Teller geben, mit 2 Prisen **Fleur de sel**, **Limettensaft** und **-abrieb** ringsherum würzen, gut mischen und kurz ziehen lassen.

Für die Marinade die **Zwiebelwürfel** mit **Knoblauch, Chili, Korianderwurzel** und **-stiel** mischen, mit 1 Prise **Salz** würzen und beiseitestellen. Kurz vor dem Anrichten das **Olivenöl** dazugeben und gut durchmischen.

Die vorbereiteten Carabineros mit der Marinade beträufeln und vorsichtig mischen, dann mit **Sesam** und **Korianderblättern** bestreuen und ganz pur servieren.

ÜBRIGENS …

Nichts ist so großartig wie rohe, marinierte Carabineros. Ein Muss für alle Genuss-Fans!

Roh marinierte Gelbschwanzmakrele mit Sojasprossen und Koriander

FÜR 2 PERSONEN

FÜR DIE MARINADE

4 EL **Sojasauce**

Stiele von 3 Stängeln **Koriandergrün,** gewaschen

FÜR DIE MAYONNAISE

1 Bio-**Landeigelb** (L)

1 EL mittelscharfer **Senf**

Salz

1 Msp. **Cayennepfeffer**

80 ml **Sonnenblumenöl**

Abrieb und Saft von ¼ Bio-**Zitrone**

brauner Zucker

FÜR DIE SOJASPROSSEN

1 EL **Pflanzenöl** zum Braten

200 g **Sojasprossen,** gewaschen, geputzt und in einem Sieb gut abgetropft

Salz

ZUM SERVIEREN

300 g **Gelbschwanzmakrele,** küchenfertig, ohne Haut

1 TL gerösteter **Sesam**

ein paar Tropfen geröstetes **Sesamöl** (nach Belieben)

1 EL Blätter vom **Koriandergrün,** gewaschen und grob zerzupft

Die **Sojasauce** mit den **Korianderstielen** in einen kleinen Topf geben, einmal aufkochen lassen, dann vom Herd ziehen und auskühlen lassen.

Für die Mayonnaise **Eigelb** und **Senf** in eine kleine Schüssel geben und mit dem Schneebesen glatt rühren. Mit 2 Prisen **Salz** und dem **Cayennepfeffer** würzen. Jetzt nach und nach das **Öl** langsam einrühren, bis eine cremige Mayonnaise entsteht. Mit **Zitronensaft, Zitronenabrieb** und 1 Prise **Zucker** abschmecken.

Das **Pflanzenöl** in einer breiten Pfanne erhitzen, die **Sojasprossen** einlegen und bei starker Hitze 2 Minuten anbraten. Mit 2 Prisen **Salz** würzen.

Die **Gelbschwanzmakrele** in feine Scheiben schneiden. Eine Platte oder zwei Teller dünn mit Marinade einpinseln, mit den Fischscheiben belegen und die restliche Marinade darüberträufeln. Dann mit dem **Sesam** bestreuen, nach Belieben noch mit ein paar Tropfen **Sesamöl** verfeinern und mit den **Korianderblättern** garnieren. Den Fisch mit der Mayonnaise und den gebratenen Sojasprossen servieren.

ÜBRIGENS ...

Das kann man natürlich auch im japanischen Restaurant essen. Oder man macht's einfach selber. Wichtig ist auf jeden Fall die Produktqualität der Makrele, die muss stimmen!

Romanasalat mit saftigen Karotten und Estragon-Joghurt-Dressing

FÜR 2 PERSONEN

FÜR DIE KAROTTEN

2 **Karotten** (200 g), fein geraspelt
Salz
3 EL **Orangensaft**
brauner **Zucker**
2 EL **Olivenöl**

FÜR DAS DRESSING

150 g **Joghurt** (3,8 % Fett)
brauner **Zucker**
Salz
2 Spritzer **Zitronensaft**
2 Prisen getrockneter **Estragon**
1 EL **Olivenöl**
1 EL **Leinöl**
schwarzer **Pfeffer** aus der Mühle

ZUM SERVIEREN

25 g **Kürbiskerne**
150 g **Romanasalatherzen,** geputzt, gewaschen, abgetropft, einzelne Blätter der Länge nach schräg halbiert

Die **Karotten** in eine Schüssel geben, mit 2 Prisen **Salz** würzen, gut mischen und mit den Händen so lange kneten, bis sie zu glänzen beginnen. Etwa 5 Minuten ziehen lassen. Nun mit **Orangensaft** und 1 Prise **Zucker** würzen und das **Olivenöl** unterrühren.

Für das Dressing den **Joghurt** mit je 2 Prisen **Zucker** und **Salz, Zitronensaft, Estragon, Oliven-** und **Leinöl** in einen hohen Becher geben und mit dem Stabmixer schaumig aufschlagen. Mit **Pfeffer** abschmecken und durchrühren.

Die **Kürbiskerne** in einer Pfanne ohne Fett bei mittlerer Hitze etwa 2 Minuten rösten. Aus der Pfanne heben und grob hacken.

Die **Salatblätter** in eine Schüssel geben, mit 2–3 EL Dressing locker mischen und mit dem Karottensalat auf Tellern anrichten. Das restliche Dressing darüberträufeln, alles mit Kürbiskernen bestreuen und servieren.

ÜBRIGENS ...

Alles ist vertraut. Jeder Bissen erinnert an Heimat, Oma, Bauernbrotzeit. Die Qualität stimmt, ein echtes einfach-aber-perfekt-Essen, ein absolutes Seelenessen.

Kopfsalat mit Radieschen-Vinaigrette und gerösteten Sonnenblumenkernen

FÜR 2 PERSONEN

FÜR DIE VINAIGRETTE

2 EL **Essiggurkensud** (Glas)

2 EL **Weißwein-** oder **Branntweinessig**

brauner **Zucker**

Salz

schwarzer **Pfeffer** aus der Mühle

3–4 Stängel **Dill,** gewaschen, Stiele fein geschnitten, Spitzen grob zerzupft

2 EL **Rapsöl**

FÜR DEN SALAT

1 kleiner **Kopfsalat** (250 g), geputzt, gewaschen und geviertelt

4 kleine feste **Radieschen,** gewaschen, geputzt und in feine Scheiben gehobelt

ZUM ANRICHTEN

25 g **Sonnenblumenkerne**

1 EL frisch geschnittene **Schnittlauchröllchen**

Für die Vinaigrette **Essiggurkensud** und **Weißweinessig** mit je 2 Prisen **Zucker** und **Salz** sowie etwas **Pfeffer** verrühren. Klein geschnittene **Dillstiele** und **Rapsöl** unterrühren und kurz ziehen lassen.

Die **Sonnenblumenkerne** zum Anrichten in einer Pfanne ohne Fett bei mittlerer Hitze etwa 2 Minuten hell rösten.

Die **Kopfsalatviertel** auf Tellern anrichten, mit der Vinaigrette beträufeln, die gehobelten **Radieschen** und die **Dillspitzen** ganz locker darauf verteilen. Zum Schluss mit den gerösteten Sonnenblumenkernen und **Schnittlauch** bestreuen und servieren.

ÜBRIGENS ...

Das Knackigste am Salat ist – richtig! – der Stiel. Deshalb unbedingt auch den geviertelten Salatkopfstiel servieren.

Rucolasalat mit geschmorter Paprika und Mandeldressing

FÜR 2 PERSONEN

FÜR DAS PAPRIKAGEMÜSE

- 3 EL **Olivenöl**
- 1 große orangefarbene **Paprikaschote** (380 g), gewaschen, mit dem Sparschäler geschält, halbiert, entkernt und der Länge nach in 1 cm breite Streifen geschnitten
- 1 Zweig **Thymian,** gewaschen
- ½ **Knoblauchzehe,** in der Schale angedrückt
- **Salz**
- schwarzer **Pfeffer** aus der Mühle

FÜR DAS MANDELDRESSING

- 100 ml **Milch**
- 30 g gehobelte **Mandeln**
- 1 Scheibe **Toastbrot** (25 g)
- 1 Bio-**Landei** (M)
- 2 EL **Olivenöl**
- 10 g **Parmesan**, frisch gerieben
- **Salz**
- schwarzer **Pfeffer** aus der Mühle

FÜR DEN SALAT

- 80 g **Rucola,** geputzt, gewaschen und trockengeschleudert
- 2 Spritzer **Zitronensaft**
- **Fleur de sel**
- schwarzer **Pfeffer** aus der Mühle
- 2 EL **Olivenöl**

ZUM ANRICHTEN

- ein paar Tropfen **Olivenöl**

Für das Paprikagemüse das **Olivenöl** in einem Topf erhitzen. Die **Paprikastreifen** einlegen, **Thymian** und **Knoblauch** dazugeben, mit 2 Prisen **Salz** würzen und umrühren. Den Topf abdecken und die Paprika bei mittlerer Hitze 8–10 Minuten weich schmoren. Dabei immer wieder umrühren. Wenn die Paprika weich ist, nochmals mit Salz und **Pfeffer** abschmecken und etwas auskühlen lassen.

Für das Mandeldressing die **Milch** mit den **Mandeln** in einen kleinen Topf geben und aufkochen lassen. Das **Toastbrot** zerzupfen und in einen hohen Becher geben. Mit der Mandelmilch begießen.

Sobald das Paprikagemüse abgekühlt ist, den Knoblauch herausnehmen, aus seiner Schale lösen und mit dem **Ei** zum Toast in den Becher geben. Alles mit dem Stabmixer zu einer feinen Creme pürieren. Nun das **Olivenöl** nach und nach in dünnem Strahl dazugießen und dabei ständig mixen, bis eine feste, cremig glänzende Mayonnaise entsteht. Zum Schluss den geriebenen **Parmesan** unterrühren, durchmixen und mit 2 Prisen **Salz** sowie etwas **Pfeffer** abschmecken.

Für den Salat den **Rucola** in einer kleinen Schüssel mit **Zitronensaft,** 2 Prisen **Fleur de sel** und ein wenig **Pfeffer** würzen, mit **Olivenöl** beträufeln und locker mischen.

Den Rucolasalat mit der lauwarmen Paprika und dem Mandeldressing anrichten. Mit etwas **Olivenöl** beträufeln und servieren.

ÜBRIGENS ...

Rucola wird inflationär verwendet – der Arme! Aber nur weil er an jeder Ecke aufgetischt wird, ist er nicht schlecht, sondern – ganz im Gegenteil – es wert, besonders kombiniert zu werden.

Spitzkohlsalat mit Rauchmandeln und Speckdressing

FÜR 2 PERSONEN

FÜR DEN SPITZKOHL

½ junger **Spitzkohl** (400 g), gewaschen, geputzt, Strunk entfernt und Blätter in möglichst feine Streifen geschnitten

Salz

FÜR DAS SPECKDRESSING

1 EL **Olivenöl**

4 Scheiben **Frühstücksspeck** (Bacon; etwa 60 g), in 2 cm breite Stücke geschnitten

brauner **Zucker**

2 EL **Weißweinessig**

schwarzer **Pfeffer** aus der Mühle

ZUM ANRICHTEN

½ Bund **Schnittlauch,** nicht zu fein geschnitten

25 g **Rauchmandeln,** grob gehackt

Den fein geschnittenen **Spitzkohl** in eine Schüssel geben, mit 3 Prisen **Salz** würzen und mit den Händen so lange kneten, bis der Salat zu glänzen beginnt. Beiseitestellen und 2 Minuten ziehen lassen.

Das **Olivenöl** in eine kalte Pfanne geben, die **Speckstücke** nebeneinander hineinlegen und bei mittlerer Hitze ringsherum etwa 3 Minuten knusprig braten. Den Speck in ein Sieb abgießen, das ausgetretene Fett in einer kleinen Schüssel auffangen.

Den gesalzenen Spitzkohl mit 2 Prisen **Zucker** und dem **Weißweinessig** anmachen und mit **Pfeffer** würzen. Dann das Bratfett zum Verfeinern hinzugießen und den Salat abschmecken.

Kurz vor dem Servieren den geschnittenen **Schnittlauch** und die **Rauchmandeln** unterheben und den Salat locker auf Tellern anrichten. Den knusprig gebratenen Speck darüberstreuen.

ÜBRIGENS ...

Ich warne vor diesem Rezept! Bitte machen Sie diese Spezialität nur, wenn Sie sicher sind, dass Ihre Gäste wiederkommen sollen. Der Spitzkohl macht süchtig!

Wurzelspinatsalat mit Senfdressing, Champignons und Muskatbröseln

FÜR 2 PERSONEN

FÜR DEN SPINATSALAT

500 g **Wurzelspinat,** geputzt, grobe Stiele entfernt und gründlich gewaschen

Salz

30 g mittelscharfer **Senf**

brauner **Zucker**

2 EL **Weißweinessig**

schwarzer **Pfeffer** (Mühle)

2 EL **Olivenöl**

FÜR DIE CHAMPIGNONS

120 g kleine weiße, feste **Champignons,** Schmutzreste mit einem Küchenpapier entfernt, Stiele großzügig abgeschnitten, Pilzköpfe in knapp 3 mm dicke Scheiben geschnitten

Fleur de sel

1 guter Spritzer **Zitronensaft**

brauner **Zucker**

1 Stängel glatte **Petersilie,** gewaschen, Stiel fein gehackt, Blätter grob zerzupft

2 EL **Olivenöl**

schwarzer **Pfeffer** (Mühle)

FÜR DIE MUSKATBRÖSEL

1 EL **Olivenöl**

½ **Zwiebel** (70 g), geschält, in feine Würfel geschnitten

50 g **Weißbrot,** in kleine Würfel geschnitten

Salz

1 Prise **Muskatnuss,** frisch gerieben

ZUM ANRICHTEN

1 Handvoll frische **Wildkräuter** oder **junge Salatblätter,** gewaschen und trocken geschleudert

einige Spritzer **Zitronensaft**

Salz

schwarzer **Pfeffer** (Mühle)

einige Tropfen **Olivenöl**

Den **Wurzelspinat** in einen Topf mit reichlich kochendem **Salzwasser** geben und etwa 1 Minute darin blanchieren. In ein Sieb abgießen, gut abtropfen lassen, mit den Händen kräftig ausdrücken und auflockern.

Den **Senf** mit je 2 Prisen Salz und **Zucker** sowie dem **Essig** in einer kleinen Schüssel glatt rühren, mit **Pfeffer** würzen und das **Olivenöl** mit einem Schneebesen unterschlagen. Den Spinatsalat mit dem cremigen Dressing anmachen und gut durchrühren.

Die **Champignons** mit 2 Prisen **Fleur de sel,** dem **Zitronensaft** und 1 Prise **Zucker** würzen. Die **Petersilie** dazugeben, alles mit **Olivenöl** beträufeln, mit **Pfeffer** würzen und gut umrühren. 10 Minuten ziehen lassen.

Für die Muskatbrösel das **Olivenöl** in einer kleinen Pfanne erhitzen, die **Zwiebel** dazugeben und bei mittlerer Hitze 2 Minuten glasig anschwitzen. Die **Brotwürfel** einstreuen und weitere 2 Minuten knusprig braten. Mit 1 Prise **Salz** und frisch geriebener **Muskatnuss** würzen und vom Herd ziehen.

Die **Wildkräuter** mit **Zitronensaft, Salz** und **Pfeffer** anmachen, mit **Olivenöl** beträufeln und locker mischen.

Den Spinatsalat und die marinierten Champignons nochmals abschmecken, auf Tellern anrichten, mit den Wildkräutern und knusprigen Muskatbröseln garnieren und servieren.

ÜBRIGENS ...

Die Aromatik roher Champignons ist so diffizil und gleichzeitig großartig, dass dieses Gericht vor allem für feingeistige Feinschmecker kreiert wurde.

PFANNE

Energie und Feuer

Die Pfanne steht für Feuer, für viel Energie. In der Pfanne entweicht das Wasser schnell aus den Lebensmitteln, und es bilden sich Röststoffe. Sie geben einem Gericht eine großartige Tiefe und Intensität, und manche Geschmacksbilder kann man nur mit einer Pfanne oder einem Grill erreichen. Ein knuspriges Schnitzel, ein auf den Punkt gebratenes Steak oder verschiedene Gemüse, wie Brokkoli, Spitzkohl oder – ganz banal – Wokgemüse gelingen vor allem bei hoher Hitze. Gerade Gemüse entwickelt so sein unverwechselbar nussiges Aroma.

Die Rezepte in diesem Kapitel stehen alle für eine sehr schnelle, sehr energiegeladene Küche. Die Ruhe, die ein Schmorgericht ausstrahlt, ist der Gegenpol zu einem rosa gebratenen, perfekten Steak.

Wilder Brokkoli mit Nussbutter und scharfer Mayonnaise

FÜR 2 PERSONEN

FÜR DIE MAYONNAISE
2 Bio-**Landeigelb** (M)
2 EL mittelscharfer **Senf**
Salz
150 ml **Sonnenblumenöl**
2 Prisen **Cayennepfeffer**
Abrieb von ¼ Bio-**Zitrone**

FÜR DEN BROKKOLI
30 g **Butter**
50 g blanchierte **Mandeln** und **Haselnüsse,** grob gehackt
2 EL **Olivenöl**
400 g wilder **Brokkoli** (Bimi), gewaschen und geputzt
Salz
schwarzer **Pfeffer** aus der Mühle
Muskatnuss, frisch gerieben

ZUM ANRICHTEN
1 Bio-**Zitrone,** halbiert

Für die Mayonnaise die **Eigelbe** mit dem **Senf** in einen hohen Becher geben, mit 2 Prisen **Salz** würzen und mit dem Stabmixer leicht aufschlagen. Nun das **Sonnenblumenöl** nach und nach in dünnem Strahl dazugießen und dabei ständig mixen, bis eine feste, cremig glänzende Mayonnaise entsteht. Mit **Cayennepfeffer** und **Zitronenabrieb** verfeinern und eventuell nochmals mit Salz abschmecken.

Für den Brokkoli die **Butter** in einer großen Pfanne erhitzen und **Mandeln** und **Haselnüsse** darin bei mittlerer Hitze etwa 2 Minuten goldbraun rösten. Ein Sieb über eine kleine Schüssel hängen, die Mandeln und Haselnüsse in das Sieb geben, dabei die Butter auffangen.

Das **Olivenöl** in derselben Pfanne erhitzen, den **Brokkoli** einlegen, sofort mit 2 Prisen **Salz** würzen und bei starker Hitze etwa 3 Minuten scharf anbraten, dabei immer wieder umrühren. Die Temperatur etwas reduzieren und den Brokkoli weitere 2 Minuten braten.

Nun 50 ml Wasser hinzugeben, die Pfanne mit einem Deckel abdecken und das Gemüse 3 Minuten garen. Deckel wieder abheben, den Brokkoli mit der aufgefangenen Nussbutter beträufeln und nochmals 1 Minute braten. Zum Schluss die Mandeln und Haselnüsse einstreuen und das Gemüse mit Salz, **Pfeffer** und **Muskatnuss** abschmecken.

Parallel dazu die **Zitronenhälften** mit der Schnittfläche nach unten in einer Pfanne ohne Fett bei mittlerer Hitze 2 Minuten braten.

Den Brokkoli mit der gebratenen Zitrone und der scharfen Mayonnaise anrichten und servieren.

ÜBRIGENS ...
Brokkoli gekocht = 100 % geschmacklos. Brokkoli gebraten = Geschmacksexplosion!

Gebratener Blumenkohl mit Datteln, Schalotte und feinen Brotgewürzen

FÜR 2 PERSONEN

FÜR DEN BLUMENKOHL

6 EL **Olivenöl**

1 kleiner **Blumenkohl** (600 g) geputzt, Strunk entfernt und die Röschen in knapp 1 cm dicke Scheiben geschnitten

Salz

FÜR DAS SELBST GEMACHTE BROTGEWÜRZ

Je 1 Prise **Korianderkörner, Kümmel-, Fenchel- und Anissamen,** mit dem Mörser fein zerrieben

FÜR DIE SCHALOTTE

1 EL **Butter**

1 **Schalotte** (40 g), geschält und in feine Ringe geschnitten

Salz

40 g getrocknete **Datteln,** entsteint und der Länge nach in Streifen geschnitten

2 EL **Weißweinessig**

100 ml **Gemüsebrühe**

1 EL **Olivenöl**

schwarzer **Pfeffer** aus der Mühle

KÜCHENHELFER

Mörser

In einer großen Pfanne 3 EL **Olivenöl** erhitzen, etwa die Hälfte des **Blumenkohls** einlegen und sofort mit 1 Prise **Salz** würzen. Den Blumenkohl bei mittlerer Hitze ringsherum etwa 8 Minuten goldbraun rösten, bis er zwar weich ist, aber noch Biss hat. Mit der Hälfte des **Brotgewürzes** verfeinern und in eine Schüssel geben. Restliches Öl (3 EL) erhitzen und mit dem verbleibenden Blumenkohl ebenso verfahren.

Parallel dazu für die Schalotte die **Butter** in einem kleinen Topf zerlassen, die **Schalottenringe** einlegen, sofort mit 1 Prise **Salz** würzen und bei mittlerer Hitze 4–5 Minuten anbraten, bis sie leicht Farbe annehmen. Dabei immer wieder umrühren.

Die **Datteln** dazugeben, kurz umrühren, mit dem **Essig** ablöschen, die **Gemüsebrühe** hinzugießen und 2 Minuten sämig einkochen lassen. Das **Olivenöl** einrühren und mit Salz und **Pfeffer** abschmecken.

Den Blumenkohl nochmals in der Pfanne erhitzen, eventuell mit Salz und Pfeffer abschmecken und auf Tellern anrichten. Mit der lauwarmen Dattel-Schalotten-Vinaigrette beträufeln und servieren.

ÜBRIGENS …
Die Röststoffe heben den Blumenkohl in ein anderes Aromauniversum. Süße Datteln und die Gewürze machen ihn vollends zum Suchtgericht.

Gebratener Rosenkohl mit lauwarmer Orangenvinaigrette

FÜR 2 PERSONEN

FÜR DEN ROSENKOHL

2 EL **Butterschmalz**

300 g **Rosenkohl,** geputzt und halbiert

Salz

brauner **Zucker**

schwarzer **Pfeffer** aus der Mühle

1 **Zwiebel** (140 g) geschält, in ½ cm dicke Ringe geschnitten

FÜR DIE ORANGEN-VINAIGRETTE

1 große Bio-**Blutorange,** 1 Msp. Schale fein abgerieben, Fruchtfleisch filetiert, Saft dabei aufgefangen, Orangengerüst gut ausgedrückt

½ TL brauner **Zucker**

Salz

schwarzer **Pfeffer** aus der Mühle

2 EL **Rapsöl**

ZUM ANRICHTEN

1 kleines Stück **Meerrettich,** geschält

In einer Pfanne 1 EL **Butterschmalz** erhitzen, die halbierten **Rosenkohlröschen** mit der Schnittfläche in die Pfanne legen, sofort mit 1 guten Prise **Salz** würzen und bei mittlerer Hitze 4 Minuten goldbraun braten. Mit 2 Prisen **Zucker** bestreuen, wenden und weitere 4–5 Minuten garen, bis der Rosenkohl weich ist, aber noch leichten Biss hat. Dann mit **Pfeffer** würzen.

Parallel dazu in einer zweiten Pfanne das restliche Butterschmalz (1 EL) erhitzen, die **Zwiebelringe** einlegen, mit 1–2 Prisen Salz würzen und bei mittlerer Hitze 3 Minuten anschwitzen. Die Zwiebelringe vorsichtig wenden und weitere 2 Minuten braten, bis sie ein wenig Farbe annehmen. Dann aus der Pfanne auf einen Teller geben.

Für die Orangenvinaigrette in derselben Pfanne die **Orangenfilets** von beiden Seiten leicht erwärmen.

Den **Zucker** in einem kleinen Topf erhitzen und hell karamellisieren, mit dem **Orangensaft** ablöschen und sofort vom Herd ziehen. Mit 1 Prise **Salz** und etwas **Pfeffer** würzen, den **Orangenabrieb** hinzugeben und ganz zum Schluss das **Rapsöl** einrühren.

Den Rosenkohl mit den Zwiebelringen und den Orangenfilets auf Tellern anrichten und mit der lauwarmen Orangenvinaigrette beträufeln. Etwas **Meerrettich** frisch darüberreiben und servieren.

ÜBRIGENS …

Na, mögen Sie auch keinen Rosenkohl? Dann wurden Sie wahrscheinlich über Jahre mit »falsch« gegartem Rosenkohl malträtiert. Gebraten ist er eine Delikatesse! Geben Sie ihm noch eine Chance!

Rahmiger Spinat mit Trüffel-Spiegelei und knusprigen Kartoffeln

FÜR 2 PERSONEN

FÜR DIE KARTOFFELN

400 g **Kartoffeln** (Bamberger Hörnchen oder Drillinge), gründlich gewaschen

Salz

1 EL **Butterschmalz**

FÜR DEN SPINAT

1 EL **Butter**

1 **Schalotte** (40 g), geschält und in feine Würfel geschnitten

½ **Knoblauchzehe,** geschält und fein geschnitten

500 g **Wurzelspinat,** geputzt, gründlich gewaschen, grobe Stiele entfernt

Salz

100 g **Schlagsahne**

schwarzer **Pfeffer** aus der Mühle

Muskatnuss, frisch gerieben

FÜR DIE SPIEGELEIER

1 EL **Butter**

4 Bio-**Landeier** (M)

2 Prisen **Fleur de sel**

schwarzer **Pfeffer** aus der Mühle

1 kleiner **schwarzer Trüffel** (10–15 g), sauber geputzt, Schmutzreste mit einem Küchenpapier oder einer kleinen feinen Bürste abgerieben

ZUM ANRICHTEN

3–4 **Haselnusskerne,** geröstet und dünn aufgehobelt

KÜCHENHELFER

Trüffelhobel oder ganz feine Küchenreibe

Die **Kartoffeln** in einen Topf mit kaltem Wasser geben, mit 2 Prisen **Salz** würzen, aufkochen lassen und 5 Minuten vorkochen. Dann aus dem Topf nehmen und auf einem Brett etwas abkühlen lassen.

Die nicht mehr ganz so heißen Kartoffeln der Länge nach in etwa 3 mm dünne Scheiben schneiden.

Das **Butterschmalz** in einer Pfanne erhitzen. Die Kartoffelscheiben nebeneinander einlegen, mit 1 Prise Salz würzen, bei mittlerer Hitze 5 Minuten goldbraun braten, wenden und weitere 5–6 Minuten knusprig braten.

Parallel dazu für den Spinat die **Butter** in einem breiten Topf aufschäumen lassen, die **Schalottenwürfel** einstreuen und bei mittlerer Hitze 2 Minuten glasig anschwitzen. Den **Knoblauch** dazugeben und ebenfalls 1 Minute anschwitzen. Nun den **Spinat** in den Topf geben, mit 2–3 Prisen **Salz** würzen, umrühren und 4 Minuten unter ständigem Rühren garen. Die **Sahne** hinzufügen, kurz aufkochen lassen, 2 Minuten sämig einkochen und mit **Pfeffer** und 1 Prise **Muskatnuss** würzen.

Für die Spiegeleier die **Butter** in einer Pfanne erhitzen, **Eier** am Rand anschlagen, behutsam nebeneinander in die Pfanne gleiten lassen und bei schwacher bis mittlerer Hitze 4–5 Minuten braten.

Den rahmigen Spinat mit den knusprigen Kartoffeln und den Spiegeleiern auf vorgewärmten Tellern anrichten. Die Eier mit **Fleur de sel** und etwas **Pfeffer** würzen. **Trüffel** hauchfein darüberreiben. Das Gericht mit **Haselnüssen** garnieren und servieren.

Wokgemüse mit Ananas-Chutney, Macadamianüssen und Thaibasilikum

FÜR 2 PERSONEN

FÜR DAS ANANAS-CHUTNEY

- 2 EL **Rapsöl**
- 1 **Schalotte** (40 g), geschält und in feine Würfel geschnitten
- 1 kleines Stück **Ingwer** (5 g), geschält und fein gehackt
- 100 g **Ananas** oder Babyananas, geschält und in kleine Würfel geschnitten
- 20 g flüssiger **Honig**
- 80 g **passierte Tomaten** (Dose)
- 50 ml **Gemüsebrühe**
- 1 kleine, rote **Chilischote,** halbiert, entkernt und fein gehackt
- Abrieb und Saft von ¼ Bio-**Limette**
- **Salz**

FÜR DAS GEMÜSE

- 2 EL **Rapsöl**
- 40 g gesalzene **Macadamianüsse**, grob gehackt
- 80 g **Mungobohnensprossen,** geputzt
- **Salz**
- 200 g **Karotten,** gewaschen, geschält, längs halbiert und in dünne Scheiben geschnitten
- 100 g **Zuckerschoten,** gewaschen und der Länge nach halbiert
- 150 g **Austernpilze,** geputzt, in Streifen gezupft
- 3–4 **Frühlingszwiebeln** (100 g), gewaschen, geputzt, in 6 cm lange Streifen geschnitten
- 2 EL **Sojasauce**
- 2 EL **Austernsauce**
- 80 ml **Gemüsebrühe**
- 1–2 Stängel **Thaibasilikum** (20 g), Blätter abgezupft

Das **Rapsöl** in einem kleinen Topf erhitzen und die **Schalottenwürfel** darin bei mittlerer Hitze 1 Minute anbraten. Den **Ingwer** dazugeben und weitere 2 Minuten dünsten, die **Ananaswürfel** hinzufügen, umrühren und 1 Minute anbraten. Den **Honig** unterrühren, 1 Minute leicht karamellisieren, dann mit den **passierten Tomaten** ablöschen. Alles aufkochen und 2 Minuten köcheln lassen. **Gemüsebrühe** und **Chili** dazugeben und das Chutney etwa 6 Minuten sämig einkochen lassen. Zum Schluss mit **Limettenabrieb, Limettensaft** und 2 Prisen **Salz** abschmecken.

Für das Gemüse einen Wok oder eine große Pfanne erhitzen und ½ TL **Rapsöl** hineingeben. **Macadamianüsse** und **Sprossen** darin 2 Minuten goldbraun rösten, mit 1 Prise **Salz** würzen, dann herausnehmen.

Erneut 1 EL Öl in den Wok geben und nach und nach das Gemüse braten. Dafür die **Karotten** in den Wok geben, leicht salzen und bei starker Hitze unter ständigem Rühren 1 Minute braten, die **Zuckerschoten** hinzufügen und weitere 2 Minuten braten. Aus dem Wok in eine große Schüssel geben.

Das restliche Öl (2 TL) im Wok erhitzen und die **Austernpilze** darin 2 Minuten anbraten, die **Frühlingszwiebeln** hinzugeben, leicht salzen und 3 Minuten braten.

Nun Karotten, Zuckerschoten, Sprossen und Macadamianüsse zurück in den Wok geben, gut mischen und mit **Sojasauce** und **Austernsauce** würzen. Die **Gemüsebrühe** angießen und alles einmal aufkochen lassen.

Kurz vor dem Servieren das frisch gezupfte **Thaibasilikum** unterheben. Das knackige Gemüse mit dem fruchtig-scharfen Ananas-Chutney servieren. Dazu passt zum Beispiel Duftreis.

ÜBRIGENS …

Gemüse kann glücklich machen. So sehr, dass Fleisch oder Fisch nicht nur nicht fehlen, sondern sogar absolut fehl am Platz wären!

Sautierter Tandoori-Chinakohl mit Shiitakepilzen und süß-sauren Tomaten

FÜR 2 PERSONEN

FÜR DIE SÜSS-SAUREN TOMATEN

140 g **Tomaten,** gewaschen, vom Strunk befreit, geviertelt, entkernt und in kleine Würfel geschnitten

Salz

brauner **Zucker**

1 EL **Rapsöl**

½ **Zwiebel** (60 g), geschält und in feine Würfel geschnitten

2 EL **Weißweinessig**

4 EL **Gemüsebrühe**

2–3 Stängel **Koriandergrün,** gewaschen, Stiele fein geschnitten, Blätter grob zerzupft

FÜR DEN CHINAKOHL

1 EL **Raps- oder Erdnussöl**

½ Kopf **Chinakohl** (500 g), gewaschen, geputzt, der Länge nach in 6 gleich breite Stücke geschnitten

Salz

3–4 Prisen **Tandoori-Gewürz** (Fertigprodukt)

FÜR DIE SHIITAKEPILZE

1 EL **Raps-** oder **Erdnussöl**

100 g **Shiitakepilze,** geputzt, Stiel entfernt, Pilzköpfe in kleine Würfel geschnitten

Salz

40 g geröstete, gesalzene **Erdnüsse,** grob gehackt

1 Msp. frisch geriebenes **Zitronengras**

Die **Tomaten** mit 3–4 Prisen **Salz** und 1 Prise **Zucker** würzen, gut durchrühren und kurz ziehen lassen.

In einer kleinen Pfanne 1 EL **Rapsöl** erhitzen, die **Zwiebel** dazugeben, mit 1 Prise Salz würzen und bei mittlerer Hitze 3 Minuten anbraten, bis sie leicht Farbe angenommen hat. Mit dem **Essig** ablöschen, die **Gemüsebrühe** hinzugießen und die Pfanne vom Herd ziehen, damit der Sud auskühlt.

Parallel dazu für den Chinakohl das **Öl** in einer großen breiten Pfanne erhitzen, den **Chinakohl** einlegen, sofort mit 2 Prisen **Salz** würzen und bei mittlerer Hitze 4 Minuten braten. Wenden, mit dem **Tandoori-Gewürz** bestreuen und weitere 4 Minuten braten. Die Pfanne vom Herd nehmen.

Für die Shiitakepilze das **Öl** in einer Pfanne erhitzen, die **Shiitakepilze** einlegen, mit 1 Prise **Salz** würzen und bei starker Hitze etwa 3 Minuten ringsherum anbraten, bis die Pilze Farbe angenommen haben. Dann die **Erdnüsse** dazugeben und bei mittlerer Hitze weitere 2 Minuten rösten. Mit dem frisch geriebenen **Zitronengras** verfeinern und alles kurz durchschwenken.

Den ausgekühlten Zwiebelsud mit den Tomaten mischen, den **Koriander** dazugeben, locker durchrühren und abschmecken.

Den Chinakohl mit den Shiitakepilzen und den Tomaten anrichten und servieren.

ÜBRIGENS …

Chinakohl sieht aus wie ein »Salat-Torpedo« zwischen all den anderen Gemüsesorten auf dem Markt. Keine Ahnung, was Sie damit machen sollen? Ab jetzt gibt es ein neues Leibgericht!

Einseitig gebratenes Lachstatar mit Honigsauce und Kartoffelpuffer

FÜR 2 PERSONEN

FÜR DIE KARTOFFELPUFFER

400 g mehlige **Kartoffeln,** geschält und fein gerieben

½ **Zwiebel** (60 g), geschält und fein gerieben

Salz

1 Bio-**Landeigelb** (M)

2 EL **Schlagsahne**

Muskatnuss, frisch gerieben

1 EL **Butterschmalz**

FÜR DIE HONIGSAUCE

30 g mittelscharfer **Senf**

1 Spritzer **Weißwein**

20 g flüssiger **Honig**

Salz

schwarzer **Pfeffer** aus der Mühle

1 Stängel **Dill,** gewaschen, Spitzen abgezupft und fein gehackt

FÜR DAS LACHSTATAR

300 g **Lachs** (Sushi-Qualität), küchenfertig, in sehr feine Würfel geschnitten und durchgehackt

40 g **Cornichons** (Glas), in feine Würfel geschnitten

Salz

schwarzer **Pfeffer** aus der Mühle

1 Msp. feiner Abrieb von der Bio-**Zitrone**

1 TL **Olivenöl** zum Braten

ZUM ANRICHTEN

ein kleines Stück **Meerrettich,** geschält

KÜCHENHELFER

Servierringe (etwa 6–8 cm Durchmesser) oder eckige Portionsformen

Die **Kartoffeln** mit der **Zwiebel** in einer Schüssel mischen, mit 2 guten Prisen **Salz** würzen und mit den Händen verkneten. Etwa 5 Minuten ziehen lassen. Dann über einem Sieb mit den Händen sehr gut ausdrücken, dabei die ablaufende Flüssigkeit in einer Schüssel auffangen. Die Kartoffelmasse sollte anschließend möglichst trocken sein. Die ausgedrückte Masse auf einem Geschirrtuch ausbreiten und weiter trocknen lassen. Dann wieder in eine Schüssel geben. Die aufgefangene Flüssigkeit gut 5 Minuten stehen lassen, damit die Stärke sich am Schüsselboden absetzt.

In der Zwischenzeit für die Honigsauce **Senf, Weißwein** und **Honig** in einer Schüssel miteinander glatt verrühren und mit 1 Prise **Salz** sowie etwas **Pfeffer** abschmecken. Zum Schluss den **Dill** hinzugeben und die Sauce zur Seite stellen.

Den **Lachs** mit den **Cornichons** mischen, mit 2–3 Prisen **Salz** und etwas **Pfeffer** würzen, mit dem **Zitronenabrieb** verfeinern und kräftig durchrühren. Das Tatar gleichmäßig in Ringe oder Portionsformen verteilen und gut festdrücken.

Nun die Masse für die Kartoffelpuffer fertigstellen. Dazu die Flüssigkeit vorsichtig aus der Schüssel gießen, sodass die Stärke zurückbleibt. Stärke auflockern und zu der trockenen Kartoffelmasse geben. Das **Eigelb** und die **Sahne** unterrühren, mit **Muskatnuss** und Salz abschmecken und gut durchrühren.

Das **Butterschmalz** in einer großen Pfanne erhitzen, sechs gleich große Kartoffelhäufchen (je 1 gehäufter EL) in der Pfanne verteilen, etwas flach drücken und bei mittlerer Hitze 3–4 Minuten goldbraun braten, dann wenden und weitere 4–5 Minuten knusprig braten.

Parallel dazu für das Lachstatar das **Olivenöl** in einer zweiten Pfanne erhitzen, mit einem Pinsel verstreichen, das vorbereitete Lachstatar vorsichtig einlegen und bei mittlerer Hitze 1 Minute anbraten. Die Pfanne vom Herd ziehen. Die Formen vorsichtig aus der Pfanne heben (Achtung heiß), das Tatar aus dem Ring lösen oder gleich in der Form mit den Kartoffelpuffern und der Honigsauce anrichten. Einige Späne **Meerrettich** darüberhobeln und servieren.

ÜBRIGENS …

Lachs braucht nicht viel Hitze, deshalb reicht es, ihn einmal kurz einseitig anzubraten. Zack – perfekt!

Brathering mit Rotweinzwiebeln und Gewürz-Brotkrümeln

FÜR 2 PERSONEN

FÜR DIE ROTWEINZWIEBELN

50 g **brauner Zucker**

200 g rote **Zwiebeln,** geschält, halbiert und in feine Streifen geschnitten

100 ml **Aceto balsamico**

100 ml kräftiger **Rotwein**

400 ml kräftige **Rinderbrühe,** am besten frisch gekocht

20 ml **helle Sojasauce**

3–4 Stängel glatte **Petersilie,** gewaschen

30 ml **Rotweinessig**

FÜR DIE BRATHERINGE

4 **Heringe,** küchenfertig, ohne Kopf (à 100 g), gründlich mit kaltem Wasser abgebraust, besonders den Bauchraum, und mit Küchenpapier trocken getupft

4 Prisen gemahlener **Piment**

schwarzer **Pfeffer** aus der Mühle

Salz

1½ EL **Roggenmehl** oder doppelgriffiges Mehl

1 TL **Stärke**

6–8 EL **Pflanzenöl** oder 3–4 EL Butterschmalz

FÜR DIE BROTKRÜMEL

20 g **Butter**

1 **Lorbeerblatt**

1 dicke Scheibe **Gewürzbrot** (etwa 60 g), in möglichst kleine Würfel geschnitten

Salz

2 EL gehackte glatte **Petersilie**

Den **Zucker** in einem Topf erhitzen und hell karamellisieren, die **Zwiebeln** dazugeben, umrühren und 2 Minuten bei mittlerer Hitze anschwitzen. Nun mit dem **Aceto balsamico** ablöschen, **Rotwein** und **Rinderbrühe** dazugießen und die Flüssigkeit aufkochen lassen. Mit **Sojasauce** verfeinern, die **Petersilie** einlegen und alles 15–20 Minuten bei schwacher Hitze offen köcheln lassen. Wenn die Zwiebeln schön weich sind, den Rotweinessig hinzugeben.

In der Zwischenzeit die **Heringe** von innen und außen mit **Piment, Pfeffer** und je 2–3 Prisen **Salz** würzen. **Mehl** und **Stärke** mischen und die Fische darin von beiden Seiten wenden, dabei das Mehlgemisch gut andrücken.

Pflanzenöl oder Butterschmalz in einer großen Pfanne erhitzen, die Heringe einlegen und auf jeder Seite 4 Minuten goldbraun braten. Dann aus der Pfanne in eine tiefe Form geben, mit der heißen Zwiebelmarinade begießen und am besten 24 Stunden durchziehen lassen.

Kurz vor dem Servieren die **Butter** in einer Pfanne aufschäumen lassen, **Lorbeerblatt** und **Brotkrümel** dazugeben, mit 1 guten Prise **Salz** würzen und 1 Minute bei mittlerer Hitze anrösten. Die **Petersilie** hinzufügen und 1 Minute goldbraun braten.

Die Bratheringe mit den Rotweinzwiebeln im Sud und den Gewürz-Brotkrümeln servieren.

ÜBRIGENS ...

Selbst gemachter Brathering! An alle Männer: Damit werden Sie zum Helden eines jeden Stammtisches.

Garnelen mit Pinienkernen, Thymian und Tomatenbruschette

FÜR 2 PERSONEN

FÜR DIE BRUSCHETTE

250 g reife **Tomaten,** gewaschen, vom Strunk befreit und in kleine Würfel geschnitten

Fleur de sel

brauner **Zucker**

2 EL **Olivenöl**

6 fingerdicke Scheiben **Ciabatta**

½ **Knoblauchzehe,** in der Schale angedrückt

FÜR DIE GARNELEN

6 große **Garnelen,** küchenfertig, ohne Schale und Darm (à 50 g), am dickeren Ende etwa 2 cm eingeschnitten

Salz

ein paar Tropfen **Olivenöl** zum Braten

FÜR DIE PINIENKERNBUTTER

20 g **Pinienkerne,** grob gehackt

20 g **Butter**

3 Zweige **Thymian,** gewaschen, Blättchen abgezupft und grob gehackt

Salz

ZUM ANRICHTEN

schwarzer **Pfeffer** aus der Mühle

Die **Tomaten** in eine Schüssel geben, mit 3 Prisen **Fleur de sel** und 1 Prise **Zucker** würzen, umrühren und 5 Minuten beiseitestellen. Dann in einem Sieb abtropfen lassen, in eine Schüssel geben und das Tomatenfruchtfleisch mit 1 EL **Olivenöl** verfeinern.

In der Zwischenzeit die **Garnelen** ringsherum mit 2–3 Prisen **Salz** würzen und ebenfalls 5 Minuten beiseitestellen.

Für die Bruschette das restliche **Olivenöl** (1 EL) in einer Pfanne erhitzen, die **Ciabattascheiben** und den **Knoblauch** einlegen, 1 Minute rösten, wenden und nochmals 1 Minute braten. Das Brot aus der Pfanne heben und auf Teller oder eine Servierplatte geben.

In derselben Pfanne einige Tropfen **Olivenöl** mit einem Pinsel verstreichen und erhitzen. Die Garnelen einlegen und bei starker Hitze 1 Minute goldbraun anbraten. Wenden und nochmals 1 Minute braten. Die Garnelen aus der Pfanne heben.

Die **Pinienkerne** und die **Butter** in die Pfanne geben, 1 Minute darin anrösten, mit **Thymian** verfeinern und leicht **salzen**. Die Pfanne vom Herd nehmen und die Garnelen in der heißen Pinienkernbutter schwenken.

Die knusprigen Brotscheiben mit den Tomaten belegen und auf jede Scheibe eine Garnele geben. Mit der verbliebenen Pinienkernbutter beträufeln, mit etwas **Pfeffer** übermahlen und servieren.

ÜBRIGENS …

Bruschette sind ein großartiges Highlight der italienischen Genusskultur. Bitte verzeihen Sie, dass ich mir anmaße, es durch Garnelen und Co. zu verbessern.

Angebratenes Lachssashimi mit Gewürzbutter und knusprigem Sellerie

FÜR 2 PERSONEN

FÜR DEN SELLERIE

1 EL **Olivenöl**

1 Stück **Knollensellerie** (200 g), gewaschen, geschält, in 3 mm kleine Würfel geschnitten

Salz

FÜR DAS LACHSSASHIMI

300 g **Lachs** in Sushi-Qualität, aus dem Mittelstück, küchenfertig ohne Haut, in etwa 2 cm breite Stücke geschnitten

Salz

1 EL **Olivenöl**

20 g **Butter**

1–2 Prisen **Chiliflocken**

½ TL **5-Gewürzepulver**

1 TL **Sojasauce**

Abrieb von ¼ Bio-**Limette**

einige Spritzer **Sesamöl**

ZUM ANRICHTEN

1 dünne **Frühlingszwiebel** (25 g), gewaschen, geputzt, in feine Ringe geschnitten

Salz

1 TL **schwarzer Sesam**

Für den Sellerie das **Olivenöl** in einer breiten Pfanne erhitzen, die **Selleriewürfel** hinzugeben, sofort mit 2 Prisen **Salz** würzen und bei mittlerer Hitze 4–5 Minuten goldbraun braten.

Die **Frühlingszwiebel** zum Anrichten vorbereiten. Dazu die Zwiebelringe in eine kleine Schüssel geben, mit 2 Prisen Salz würzen, umrühren und beiseitestellen.

Die **Lachsstücke** ringsherum mit 2–3 Prisen **Salz** würzen. Das **Olivenöl** in einer breiten Pfanne erhitzen, die Lachsstücke eng nebeneinander hineinlegen und bei starker Hitze 1 Minute anbraten. Aus der Pfanne heben.

In derselben Pfanne die **Butter** aufschäumen und bei mittlerer Hitze leise köcheln lassen, bis ein nussiger Duft aufsteigt und die Butter sich hellbraun färbt. Nun **Chiliflocken** und **5-Gewürzepulver** unterrühren, die Pfanne vom Herd ziehen und die Butter mit **Sojasauce, Limettenabrieb** und **Sesamöl** verfeinern.

Die Lachsstücke portionsweise auf Tellern verteilen, mit der Gewürzbutter beträufeln, mit dem knusprigen Sellerie, Frühlingszwiebelringen und **Sesam** bestreuen und sofort servieren.

ÜBRIGENS …

Durch das kurze Anbraten bekommt der Lachs mehr Intensität, ein prägnantes Mundgefühl, und er wird herrlich lauwarm.

Kabeljau mit Mandelbutter und süß-saurer Rote Bete

FÜR 2 PERSONEN

FÜR DAS ROTE-BETE-GEMÜSE

1 TL **Butterschmalz**

1 große Knolle **Rote Bete,** (300 g), geschält, geviertelt und in etwa 3 mm dicke Scheiben geschnitten

10 g **brauner Kandiszucker**

Salz

schwarzer **Pfeffer** aus der Mühle

FÜR DEN KABELJAU

6 Stücke **Kabeljau** aus dem Rückenfilet (à 60 g), küchenfertig, ohne Haut

Fleur de sel

1 EL **Olivenöl**

20 g **Butter**

10 g **Panko-** oder **Semmelbrösel**

20 g **Mandeln,** gehackt

2 Stängel **Dill** (3 g), gewaschen, Stiele fein gehackt, Spitzen grob zerzupft

1 Msp. feiner Abrieb von der Bio-**Zitrone**

schwarzer **Pfeffer** aus der Mühle

2–3 Prisen gemahlener **Kümmel**

ZUM ANRICHTEN

2 TL **Sahnemeerrettich** (Glas)

ein kleines Stück **Meerrettich,** geschält

Für das Rote-Bete-Gemüse das **Butterschmalz** in einer breiten Pfanne erhitzen. Die **Rote-Bete-Scheiben** und den **Kandiszucker** einlegen, sofort mit 2 Prisen **Salz** würzen und bei mittlerer Hitze 4 Minuten anbraten. Dann mit einem Deckel abdecken und bei schwacher Hitze 14 Minuten garen. Dabei das Gemüse immer wieder mal umrühren.

Die **Fischstücke** von beiden Seiten mit 4–5 Prisen **Fleur de sel** würzen. Das **Olivenöl** in einer Pfanne erhitzen und den Kabeljau darin bei mittlerer bis starker Hitze 2 Minuten anbraten, bis er leicht Farbe angenommen hat. Den Fisch dann vorsichtig wenden und auch von der zweiten Seite 1 Minute braten. Den Kabeljau aus der Pfanne auf einen vorgewärmten Teller geben.

Die **Butter** in derselben Pfanne aufschäumen lassen, **Semmelbrösel** und gehackte **Mandeln** einstreuen und bei mittlerer Hitze 1 Minute goldbraun anrösten. Leicht salzen und mit **Dill** und **Zitronenabrieb** verfeinern.

Die Fischstücke wieder in die Pfanne geben, in der Bröselbutter wenden und mit **Pfeffer** und **Kümmel** würzen.

Die Rote Bete nochmals mit Salz und **Pfeffer** abschmecken. Den Kabeljau mit Roter Bete und **Sahnemeerrettich** anrichten, einige Späne **Meerrettich** frisch darüberhobeln und servieren.

ÜBRIGENS …

Die Mandelbutter mit gerösteten Bröseln verleiht dem weichen Fisch diesen unfassbaren Knusper-Effekt beim Essen – fast wie Fischstäbchen de luxe.

Doradenfilet mit Zitronen-Sardellen-Butter

FÜR 2 PERSONEN

FÜR DIE DORADENFILETS

2 **Doradenfilets** mit Haut (à 160 g), küchenfertig

Salz

1 EL **Weizenmehl** (Type 405), auf einem flachen Teller ausgestreut

1 EL **Butterschmalz**

1 kleine **Knoblauchzehe** (3 g), geschält und in feine Scheiben geschnitten

½ Bio-**Zitrone,** geschält, filetiert und Saft aus dem Gerüst ausgepresst

3–4 Stängel glatte **Petersilie** (10 g), gewaschen, Stiele fein geschnitten, Blätter grob gehackt

3 in Öl eingelegte **Sardellenfilets** (Glas; 8 g), abgewaschen und grob gehackt

1 TL **Butter**

FÜR DEN SPINAT MIT PINIENKERNEN

1 EL **Olivenöl**

1 **Schalotte** (30 g), geschält und in feine Ringe geschnitten

20 g **Pinienkerne**

300 g junger **Blattspinat,** gewaschen

Salz

schwarzer **Pfeffer** aus der Mühle

Muskatnuss, frisch gerieben

Jedes **Doradenfilet** mit 1–2 Prisen **Salz** würzen und anschließend im **Mehl** wenden. Das **Butterschmalz** in einer breiten Pfanne erhitzen, die Fischfilets mit der Hautseite hineinlegen und bei mittlerer Hitze 3 Minuten kross anbraten. Die Filets wenden und nochmals 1 Minute braten, dann **Knoblauchscheiben, Zitronenfilets** und **-saft** sowie **Petersilienstiele** und **-blätter** dazugeben. **Sardellenfilets** und die **Butter** hinzufügen, alles kurz durchschwenken und die Pfanne vom Herd nehmen. Die Fischfilets in der heißen Pfanne noch 1 Minute ziehen lassen.

Parallel dazu für den Spinat das **Olivenöl** in einer Pfanne erhitzen und die **Schalottenringe** darin bei mittlerer Hitze 3 Minuten anrösten. Dabei immer wieder umrühren. Die **Pinienkerne** dazugeben und 1 Minute mitrösten.

Nun den tropfnassen **Spinat** hinzugeben, mit 2 Prisen **Salz** würzen und bei mittlerer Hitze 3 Minuten garen. Mit **Pfeffer** und frisch geriebener **Muskatnuss** würzen.

Die gebratenen Fischfilets mit der Zitronenbutter und dem Spinat anrichten und sofort servieren.

ÜBRIGENS ...

Sollte jemand auf die Idee kommen, die Sardellen wegzulassen: Kann man machen, dann schmeckt es aber langweilig.

AH
ALEXANDER
HERRMANN

»Manche Geschmacksbilder kann man nur mit der Pfanne erreichen.«

Sautierte Geflügelherzen mit Pfannenkürbis, Honig und Orangen

FÜR 2 PERSONEN

FÜR DEN PFANNENKÜRBIS

1 TL **Butterschmalz**

1 Stück **Butternutkürbis** (650 g), geputzt, geschält, entkernt und in 1,5 cm große Würfel geschnitten

Salz

½ TL **Honig**

1 Msp. **Cayennepfeffer**

1 Msp. **Currypulver**

1 kleine Bio-**Orange,** Abrieb von ¼ der Schale, dann geschält und filetiert

1 TL **Butter**

schwarzer **Pfeffer** aus der Mühle

FÜR DIE GEFLÜGELHERZEN

1 EL **Olivenöl**

350 g **Geflügelherzen,** sichtbares Fett abgeschnitten, geputzt

Salz

2 **Rosmarinspitzen,** gewaschen und fein gehackt

1 EL **Butter**

schwarzer **Pfeffer** aus der Mühle

KÜCHENHELFER

Kartoffelstampfer

Das **Butterschmalz** in einer breiten Pfanne erhitzen, die **Kürbiswürfel** hinzugeben, mit 2 guten Prisen **Salz** würzen und bei mittlerer Hitze 4 Minuten anbraten. Dabei immer wieder mal umrühren. Dann 150 ml Wasser angießen, die Pfanne abdecken und den Kürbis darin 10–12 Minuten schmoren, bis er weich ist.

Den gegarten Kürbis mit **Honig, Cayennepfeffer, Currypulver** und **Orangenabrieb** würzen und mit dem Kartoffelstampfer fein stampfen.

Für die Geflügelherzen das **Olivenöl** in einer Pfanne erhitzen und die **Geflügelherzen** darin bei starker Hitze 1 Minute anbraten. Erst jetzt mit 2 Prisen **Salz** würzen und die Herzen in der Pfanne schwenken. Weitere 2 Minuten braten, dann den gehackten **Rosmarin** und die **Butter** unterziehen und mit **Pfeffer** würzen.

Parallel dazu die **Orangenfilets** und die **Butter** unter den heißen Kürbisstampf heben und nochmals mit Salz und **Pfeffer** abschmecken.

Die gebratenen Geflügelherzen mit dem Kürbisstampf auf vorgewärmten Tellern anrichten und servieren.

ÜBRIGENS …

Durch das rasche Braten bleiben die Herzen wunderbar weich und saftig. Einfach Weltklasse-Viktualien!

Gebratene Geflügelleber mit Granatapfel und Frühlingszwiebel

FÜR 2 PERSONEN

FÜR DIE GEFLÜGELLEBER

1 EL **Olivenöl**

300 g **Geflügelleber,** sauber geputzt, von Sehnen befreit und in grobe Stücke geschnitten

1 kleines Stück **Vanilleschote**

Salz

1 **Frühlingszwiebel** (40 g), geputzt, gewaschen und schräg in ½ cm dicke Stücke geschnitten

2 EL **Aceto balsamico**

30 g **Granatapfelkerne**

je 1 Prise **Fenchel-** und **Anissamen,** im Mörser fein zerrieben

1 Zacke **Sternanis,** im Mörser fein zerrieben

20 g **Butter**

schwarzer **Pfeffer** aus der Mühle

KÜCHENHELFER

Mörser

Das **Olivenöl** in einer breiten Pfanne erhitzen, die **Geflügelleberstücke** und die **Vanilleschote** einlegen und bei starker Hitze 2 Minuten anbraten. Die Leberstücke erst jetzt mit 2 Prisen **Salz** würzen, dann wenden. Die **Frühlingszwiebel** hinzufügen und bei mittlerer Hitze weitere 2–3 Minuten braten.

Mit dem **Aceto balsamico** ablöschen, durchschwenken, die **Granatapfelkerne** einstreuen und alles mit den fein geriebenen **Gewürzen** verfeinern.

Die Pfanne vom Herd nehmen, die **Butter** einrühren und mit Salz und **Pfeffer** abschmecken.

Die Geflügelleber auf vorgewärmten Tellern anrichten und zum Beispiel mit Couscous oder einfach nur mit einem Stück Weiß- oder Fladenbrot servieren.

ÜBRIGENS ...

Der Klassiker »Leber Berliner Art« verbindet die süßliche Leber mit der Säure und Süße von Apfel und Co. Diesen Klassiker wollte ich in die Moderne befördern.

Kalbsleber mit Röstzwiebeln und gepfefferten Karamelläpfeln

FÜR 2 PERSONEN

FÜR DIE RÖSTZWIEBELN

2 **Zwiebeln** (200 g), geschält und mit einem Gemüsehobel in feine Ringe geschnitten

1 EL **Weizenmehl** (Type 405)

etwa 250 g **Frittierfett**

Salz

FÜR DIE KARAMELLÄPFEL

½ TL **brauner Zucker**

1 EL **Butter**

1 mittelgroßer säuerlicher **Apfel** (z. B. Jonagold), geviertelt, entkernt und in 1 cm dicke Spalten geschnitten

einige Spritzer **Calvados**

2 gute Prisen zerstoßener schwarzer **Pfeffer**

FÜR DIE LEBER

2 EL **Olivenöl**

1 guter EL **Weizenmehl** (Type 405)

400 g **Kalbsleber,** küchenfertig, von eventuellen Sehnen befreit, zuerst in ca. 1 cm dicke Scheiben und dann in etwa 50 g schwere Stücke geschnitten

schwarzer **Pfeffer** aus der Mühle

3–4 mittelgroße **Salbeiblätter,** gewaschen und grob zerzupft

Salz

1 guter TL **Crema di Balsamico**

100 ml **Bratenfond** oder Rinderbrühe (Glas)

10 g kalte **Butter,** in kleine Würfel geschnitten

ZUM ANRICHTEN

Crema di Balsamico zum Beträufeln

Den Backofen auf 80 °C (Ober- und Unterhitze) vorheizen.

Die **Zwiebeln** in einer großen Schüssel mit **Mehl** bestäuben und gut mischen.

Das **Fett** in einem kleinen hohen Topf erhitzen. Etwa die Hälfte der **Zwiebeln** darin 3–4 Minuten frittieren, bis sie goldbraun sind. Dabei mit einer Gabel immer wieder durchrühren, damit die Zwiebeln nicht aneinanderkleben. Aus dem Fett heben, auf einem Küchenpapier abtropfen lassen und mit 1 Prise **Salz** würzen. Mit den restlichen Zwiebeln ebenso verfahren. Die Zwiebeln bis zum Servieren im Ofen auf der mittleren Schiene warm halten.

Für die Karamelläpfel den **Zucker** in einer großen Pfanne erhitzen und hell karamellisieren. Die **Butter** hinzugeben, dann die **Apfelspalten** einlegen und bei mittlerer Hitze 1 Minute braten. Die Äpfel wenden und weitere 2 Minuten braten. Mit **Calvados** ablöschen, mit dem **Pfeffer** würzen und beiseitestellen.

Für die Leber das **Olivenöl** in einer großen Pfanne erhitzen. Das **Mehl** auf einen flachen Teller geben. Die **Leberscheiben pfeffern,** in Mehl wenden und etwas abklopfen, dann in die Pfanne legen und bei schwacher Hitze etwa 2 Minuten braten. Wenden, den **Salbei** zugeben und nochmals 1 Minute braten. Von beiden Seiten mit insgesamt 3 Prisen **Salz** würzen. **Crema di Balsamico** einrühren und die Leber mehrmals darin wenden. Aus der Pfanne heben.

Den **Bratenfond** in die Pfanne gießen und 1 Minute köcheln lassen, die **kalte Butter** einrühren und so die Sauce leicht abbinden.

Die Karamelläpfel nochmals kurz erhitzen. Die Leberscheiben auf vorgewärmten Tellern anrichten, mit den Äpfeln und den Röstzwiebeln belegen. Mit der Sauce und mit **Crema di Balsamico** beträufeln. Dazu passt cremige Polenta oder Kartoffelpüree.

Züricher Kalbsfilet mit Champignons und Estragon

FÜR 2 PERSONEN

1 TL **Butterschmalz**

300 g **Kalbsfilet,** küchenfertig, in 1 cm dicke Scheiben geschnitten

Salz

schwarzer **Pfeffer** aus der Mühle

1 kleine **Schalotte** (40 g), geschält und in feine Würfel geschnitten

1 EL **Butter**

100 g weiße oder braune **Champignons,** geputzt, je nach Größe halbiert oder geviertelt

1 TL scharfer **Senf**

50 ml trockener **Weißwein**

150 ml **Bratenfond** (Glas)

½ TL **Kartoffelstärke**

160 g **Schlagsahne,** 60 g leicht geschlagen

1 EL **Weinbrand**

1 Msp. **Currypulver**

2 Zweige **Thymian,** abgezupft und fein geschnitten

einige **Estragonblätter,** grob geschnitten

4–6 Stängel glatte **Petersilie** (15 g), gewaschen, Stiele fein geschnitten, Blätter grob gehackt

Das **Butterschmalz** in einer großen Pfanne erhitzen, die **Filetscheiben** einlegen, mit 2–3 Prisen **Salz** und etwas **Pfeffer** würzen und bei starker Hitze 1 Minute scharf anbraten, dann wenden und auch von der zweiten Seite 1 Minute braten. Das Fleisch aus der Pfanne heben.

Schalottenwürfel und **Butter** in die Pfanne geben und bei mittlerer Hitze 2 Minuten glasig dünsten. Die **Champignons** hinzugeben und 2 Minuten braten. **Senf** einrühren, mit **Weißwein** und **Bratenfond** ablöschen und 1 Minute köcheln lassen.

Die **Kartoffelstärke** mit etwas kaltem Wasser glatt rühren, in die kochende Sauce geben und 2 Minuten köcheln lassen. 100 g **Schlagsahne** zur Sauce geben und nochmals 1 Minute köcheln lassen. Die Sauce mit **Weinbrand** verfeinern, mit **Curry, Salz** und **Pfeffer** abschmecken.

Das Fleisch in die Sauce geben und kurz erhitzen. Die angeschlagene Sahne unterheben und die Pfanne vom Herd ziehen.

Jetzt mit den frischen **Kräutern** verfeinern, noch kurz stehen lassen und servieren. Als Beilage passt ganz klassisch knusprig gebratene Kartoffelrösti.

ÜBRIGENS ...

Das Filet wird nicht wie das Originalvorbild in Streifen geschnitten, sondern in Tranchen. So bleibt es saftiger und schmeckt genauso intensiv!

Gespickte Maishähnchenbrust mit Basilikum, Bratpaprika und Erdnüssen

FÜR 2 PERSONEN

FÜR DIE MAISHÄHNCHEN-BRÜSTE

2 **Maishähnchenbrüste** mit Haut (à 200g), auf der Hautseite 4 kleine Taschen/Öffnungen mit Abstand eingeschnitten

16 mittelgroße **Basilikumblätter,** gewaschen

Salz

1 EL **Olivenöl**

FÜR DIE BRATPAPRIKA

2 EL **Olivenöl**

½ **Zwiebel** (50g), geschält und in feine Streifen geschnitten

1 große gelbe **Paprikaschote** (400g), gewaschen, geschält, halbiert, entkernt und in 3 cm breite Spalten geschnitten

Salz

2 Scheiben **Knoblauch** (2g)

1 EL **Butter**

20g geröstete, gesalzene **Erdnüsse**, fein gehackt

4 **Basilikumstiele,** fein gehackt

2 Prisen **Chiliflocken**

ZUM ANRICHTEN

schwarzer **Pfeffer** aus der Mühle

Die **Hähnchenbrüste** mit je 2 **Basilikumblättern** pro Tasche füllen und wieder zusammendrücken. Jede Brust ringsherum mit 3 Prisen **Salz** würzen und das Salz gut einmassieren.

Die Hähnchenbrüste mit der Hautseite nach unten in eine kalte Pfanne legen. Das **Olivenöl** hinzugeben. Erhitzen und die Hähnchenbrüste bei mittlerer Hitze etwa 6 Minuten goldbraun braten, wenden und auf der zweiten Seite 8 Minuten braten. Dann nochmals wenden und auf der Hautseite weitere 2 Minuten fertig braten.

Parallel dazu für die Bratpaprika das **Olivenöl** in einer zweiten Pfanne erhitzen, die **Zwiebelstreifen** einlegen und bei schwacher Hitze 4 Minuten anschwitzen, dabei immer wieder umrühren. Die **Paprikastücke** hinzufügen, mit 2 Prisen **Salz** würzen und 1 Minute anbraten. Dann die **Knoblauchscheiben** dazugeben, 100 ml Wasser angießen, abdecken und das Gemüse weitere 15–16 Minuten weich schmoren.

Am Ende der Garzeit **Butter, Erdnüsse** und **Basilikumstiele** hinzufügen und das Gemüse mit Salz und **Chiliflocken** abschmecken.

Die Hähnchenbrüste mit dem Paprikagemüse auf vorgewärmten Tellern anrichten, mit Pfeffer übermahlen und servieren.

ÜBRIGENS ...

Paprika und Erdnüsse – diese Kombination würde ich mir an Ihrer Stelle merken und ins Rezeptrepertoire aufnehmen. Gigantisch gut und passt zu fast allem!

Gebratene Lammpflanzerl mit Fenchelsamen und Fetakäse

FÜR 2–3 PERSONEN

- 4 EL **Olivenöl**
- ½ **Zwiebel** (60 g), geschält und in feine Würfel geschnitten
- 1 kleine **Knoblauchzehe** (3 g), geschält und in feine Würfel geschnitten
- 4–5 Stängel glatte **Petersilie,** gewaschen, Stiele fein gehackt, Blätter grob geschnitten
- 1 kleiner Zweig **Rosmarin,** gewaschen, Nadeln abgezupft und fein gehackt
- 50 ml **Milch**
- 1 Scheibe **Toastbrot** (25 g), in kleine Würfel geschnitten
- 400 g **Lammhackfleisch**
- 1 Bio-**Landei** (M)
- 2 Prisen **Fenchelsamen**
- 1 TL **Paprikapulver** edelsüß
- **Salz**
- schwarzer **Pfeffer** aus der Mühle
- 50 g **Fetakäse,** grob mit den Fingerspitzen zerbröselt

In einem kleinen Topf 1 EL **Olivenöl** erhitzen und die **Zwiebelwürfel** darin bei schwacher Hitze 3 Minuten anbraten, bis sie leicht Farbe annehmen. **Knoblauch, Petersilie** und **Rosmarin** dazugeben und kurz mitbraten. Die **Milch** angießen, das **Toastbrot** hinzugeben, alles gut durchrühren und etwas abkühlen lassen.

Das **Hackfleisch** in eine Schüssel geben, das eingeweichte Toastbrot dazufügen, **Ei, Fenchelsamen** und **Paprikapulver,** 2–3 Prisen **Salz** und etwas **Pfeffer** hinzugeben und alles zu einer homogenen Masse verkneten. Mit feuchten Händen zu acht gleichmäßig großen Kugeln formen und etwas flach drücken.

Das restliche **Olivenöl** (3 EL) in einer Pfanne erhitzen. Die Lammpflanzerl einlegen und bei mittlerer Hitze etwa 8 Minuten goldbraun anbraten. Wenden, die Temperatur reduzieren und weitere 5 Minuten braten. Den **Feta** in die Pfanne geben, die Pfanne vom Herd nehmen und den Feta 1 Minute leicht schmelzen lassen.

Dazu passt ein frisch angemachter Eisbergsalat oder Paprika-Kartoffel-Gemüse aus dem Ofen.

ÜBRIGENS …

Ein Kochbuch ohne Fleischküchle, Fleischpflanzerl, Buletten, Frikadellen – oder wie auch immer Sie sie nennen möchten – wäre ein Fehler! Daher hier eine Spezial-Superaroma-Variante.

Gebratenes Rindersteak mit Kräuterbutter, Perlzwiebeln und Mais

FÜR 2 PERSONEN

FÜR DIE RINDERSTEAKS

1 EL **Olivenöl**

2 Stücke abgehangenes **Roastbeef** (à 180 g)

Salz

4 Stängel **Petersilie,** nur die Stiele, gewaschen

2 **Rosmarinspitzen,** gewaschen

3–4 Zweige **Thymian,** gewaschen

1 **Knoblauchzehe** (4 g), ungeschält, halbiert

FÜR DIE KRÄUTERBUTTER

40 g **Butter**

60 g **Perlzwiebeln** (Glas), abgetropft

120 g **Baby-Maiskolben,** gewaschen und in 1 cm dicke Stücke geschnitten

2 EL grob gehackte **Petersilie**

Salz

1 Handvoll **Rucola** (20 g), gewaschen und geputzt, grob zerzupft

½ Bund **Schnittlauch,** gewaschen und in feine Röllchen geschnitten

6–8 **Basilikumblätter,** gewaschen, grob zerzupft

1 EL alter **Aceto balsamico**

ZUM ANRICHTEN

schwarzer **Pfeffer** aus der Mühle

Das **Olivenöl** in einer Pfanne erhitzen, das **Roastbeef** von beiden Seiten mit je 1 Prise **Salz** würzen, in die heiße Pfanne legen und bei starker Hitze 3 Minuten braten.

Petersilienstiele, Rosmarinspitzen, Thymian und **Knoblauch** in die Pfanne geben, die Steaks wenden und nochmals 1 Minute braten. Die Pfanne vom Herd ziehen und das Fleisch 1 Minute darin ziehen lassen.

Die Steaks mit den Kräuterstängeln aus der Pfanne nehmen und auf einen vorgewärmten Teller legen.

Die Pfanne wieder auf den Herd stellen und erhitzen. Die **Butter** hineingeben und aufschäumen lassen. Jetzt **Perlzwiebeln** und **Maiskolben** hinzufügen und bei mittlerer Hitze 3 Minuten braten. Die **Petersilie** dazugeben und mit 2 Prisen **Salz** würzen.

Die Steaks 1 Minute in der heißen Kräuterbutter wenden. **Rucola, Schnittlauch** und **Basilikum** einstreuen, zusammenfallen lassen und mit **Aceto balsamico** verfeinern.

Die Steaks mit der heißen Kräuterbutter, Perlzwiebeln, Mais und Rucola anrichten, mit Pfeffer übermahlen und servieren.

In Butter gebackenes Wiener Schnitzel mit scharfen Preiselbeeren

FÜR 2 PERSONEN

FÜR DIE PREISELBEEREN
100 g **Preiselbeeren** (Glas)
1 TL Tafel-**Meerrettich** (Glas)

FÜR DAS WIENER SCHNITZEL
6 **Kalbsschnitzel** (à 50 g), aus der Oberschale, dünn geklopft
4–5 **Eiswürfel**
2 Bio-**Landeier** (L)
Salz
schwarzer **Pfeffer** aus der Mühle
3 EL **Weizenmehl** (Type 405)
80–100 g **Semmelbrösel,** selbst gemacht, oder Pankobrösel
3–4 gute EL **Butterschmalz**
1 EL **Butter**

ZUM ANRICHTEN
3–4 **Zitronenschnitze**

Die **Preiselbeeren** mit dem **Meerrettich** glatt verrühren.

Die **Kalbsschnitzel** etwa 5 Minuten in eine Schüssel mit **Eiswasser** legen. Die Schnitzel sollten gut mit dem Wasser bedeckt sein. Dann aus dem Eiswasser nehmen, auf ein Küchentuch legen und gut trocken tupfen.

Die **Eier** in einen tiefen Teller geben, mit einer Gabel leicht verquirlen und mit 2 Prisen **Salz** und etwas **Pfeffer** würzen. Das **Mehl** und die **Semmelbrösel** auf zwei flachen Tellern verteilen.

Jedes Schnitzel von beiden Seiten mit 1-2 Prisen **Salz** und etwas **Pfeffer** würzen, zuerst in Mehl, dann im Ei und zum Schluss in den Bröseln wenden, dabei die Brösel leicht andrücken.

Das **Butterschmalz** in einer großen Pfanne erhitzen, die panierten Schnitzel nacheinander einlegen, bei mittlerer Hitze etwa 3 Minuten braten, vorsichtig wenden und noch einmal 2–3 Minuten knusprig braten. Die Pfanne leicht schräg halten und die Schnitzel mithilfe eines Esslöffels mit dem Butterschmalz begießen. So bekommen die Schnitzel die typischen »Wellen«.

Ganz zum Schluss 1 EL **Butter** in die Pfanne geben und die Schnitzel darin mehrmals wenden.

Die goldbraun und knusprig gebackenen Schnitzel aus der Pfanne heben, auf einem Küchenpapier leicht abtropfen lassen und mit scharfen Preiselbeeren und frischer **Zitrone** servieren.

ÜBRIGENS ...
Der Trick ist, das Fleisch in Eiswasser zu legen. Das aufgenommene Wasser verdampft beim Anbraten und lässt die leckerste Panade der Welt entstehen. Das ist ein Geheimtipp aus Wien, also bitte nicht weitersagen, der bleibt unter uns.

Knuspriges Speckschnitzel mit Gurken und Dillschmand

FÜR 2 PERSONEN

FÜR DEN DILLSCHMAND

80 g **Schmand**

1 TL mittelscharfer **Senf**

2 gute Prisen getrockneter **Dill**

Salz

brauner **Zucker**

1 kleine Msp. feiner Abrieb von der Bio-**Zitrone**

FÜR DIE GURKEN

½ **Salatgurke** (350 g), gewaschen, längs halbiert, entkernt, geviertelt und in fingerlange (7 x 2 cm) Stücke geschnitten

Salz

2 EL neutrales **Pflanzenöl**

½ **Zwiebel** (60 g), geschält und in feine Würfel geschnitten

2 EL **Weißweinessig**

brauner **Zucker**

schwarzer **Pfeffer** aus der Mühle

FÜR DIE SPECKSCHNITZEL

1 Bio-**Landei** (L)

2 Prisen gemahlener **Kümmel**

schwarzer **Pfeffer** aus der Mühle

2 EL **Weizenmehl** (Type 405)

etwa 80 g **Semmelbrösel,** selbst gemacht

200 g geräucherter **Bauchspeck,** in 0,5 cm dicke Scheiben geschnitten

3–4 EL **Butterschmalz** zum Braten

Für die Sauce den **Schmand** mit **Senf, Dill,** 2 Prisen **Salz,** 1 Prise **Zucker** und **Zitronenabrieb** glatt rühren und zur Seite stellen.

Die **Gurkenstücke** in eine Pfanne ohne Fett legen, bei mittlerer Hitze etwa 4 Minuten braten, mit 2 Prisen **Salz** würzen, wenden, nochmals 1 Minute braten und dann in eine Schüssel geben.

In derselben Pfanne 1 EL **Öl** erhitzen und die **Zwiebelwürfel** darin bei mittlerer Hitze 2 Minuten glasig anschwitzen. Dann die Zwiebel mit **Essig** ablöschen, vom Herd ziehen und mit 1 Prise **Salz,** 1 Prise **Zucker** und etwas **Pfeffer** würzen. Kurz abkühlen lassen. Die Marinade über die Gurken geben, das verbliebene Öl (1 EL) unterrühren und gut vermischen.

Für die Speckschnitzel das **Ei** in einen tiefen Teller geben, mit einer Gabel leicht verquirlen und mit **Kümmel** und **Pfeffer** würzen. Das **Mehl** und die **Semmelbrösel** auf zwei flache Teller verteilen.

Die **Speckscheiben** von beiden Seiten zuerst in Mehl, dann in Ei und zum Schluss in den Bröseln wenden, dabei die Brösel leicht andrücken.

Das **Butterschmalz** in einer großen Pfanne erhitzen und die Speckscheiben darin bei mittlerer Hitze etwa 3 Minuten braten. Dann vorsichtig wenden und nochmals 1 Minute braten, bis sie schön knusprig sind.

Die Speckscheiben aus der Pfanne heben, auf einem Küchenpapier leicht abtropfen lassen und mit den Gurken und dem Dillschmand servieren.

ÜBRIGENS …

Dieses Rezept ist so einfach und dabei so großartig! Das ganze Aroma des Specks wird in der wunderbar knusprigen Hülle eingefangen.

Gebratene Blutwurst mit Spitzkohl und Senfgurken

FÜR 2 PERSONEN

FÜR DIE SENFGURKEN

160 g **Salatgurke,** geschält, hauchfein gehobelt

Salz

1 TL mittelscharfer **Senf** (10 g)

1 EL **Rapsöl**

brauner **Zucker**

FÜR DEN SPITZKOHL

1 EL **Olivenöl**

1 kleiner junger **Spitzkohl** (etwa 400 g), gewaschen, geputzt und in 4 gleich große Segmente geteilt

Salz

1 gute Prise **Kümmel,** ganz oder gemahlen

schwarzer **Pfeffer** aus der Mühle

1 EL fein geschnittener **Schnittlauch**

FÜR DIE BLUTWURST

1 guter EL **Stärke**

1 guter EL **Weizenmehl** (Type 405)

300 g **Blutwurst** – am besten der französische Boudin noir – geschält und in 1,5 cm dicke Scheiben geschnitten

2–3 EL neutrales **Pflanzenöl**

Die **Salatgurke** in eine Schüssel geben, mit 2 Prisen **Salz** würzen, gut umrühren und etwa 5 Minuten ziehen lassen. Dann die Gurkenscheiben mit den Händen ausdrücken, dabei die Flüssigkeit auffangen. **Senf** und **Rapsöl** in einer kleinen Schüssel glatt rühren, das Gurkenwasser unterrühren und mit 1 Prise **Zucker** würzen. Die Gurke zum Marinieren hineinlegen.

Für den Spitzkohl das **Olivenöl** in einer breiten Pfanne oder einem Topf erhitzen, den **Spitzkohl** hineingeben und mit 2 Prisen **Salz** würzen. Bei mittlerer Hitze etwa 4 Minuten goldbraun anbraten, wenden und nochmals 3 Minuten braten. Dann 50 ml Wasser dazugießen und abdecken. Weitere 3–4 Minuten bei schwacher Hitze garen. Das Kraut mit **Kümmel** und **Pfeffer** würzen und mit dem **Schnittlauch** verfeinern.

Für die Blutwurst die **Stärke** mit dem **Mehl** in einer Schüssel mischen und die **Blutwurstscheiben** von beiden Seiten darin wenden, dabei die Mehlmischung gut andrücken.

Das **Pflanzenöl** in einer breiten Pfanne erhitzen und die Blutwurstscheiben darin bei mittlerer Hitze 2 Minuten anbraten. Die Scheiben wenden und nochmals 1–2 Minuten braten. Vorsichtig aus der Pfanne heben und auf einem Küchenpapier leicht abtropfen lassen.

Die Senfgurken aus der Sauce heben. Die Blutwurstscheiben mit Senfgurken und Spitzkohl auf vorgewärmten Tellern anrichten und mit der Senfsauce beträufeln.

ÜBRIGENS …

Pure Blutwurst mag ich nicht – das geht wahrscheinlich einigen so. Aber gebraten ist sie herausragend, das müssen Sie mir glauben!

Piccata vom Kalbsfilet mit Rosmarin und gebratenem Romanasalat

FÜR 2 PERSONEN

FÜR DAS KALBSFILET

2 Bio-**Landeier** (L)

80 g **Parmesan,** gerieben

6–8 **Rosmarinnadeln,** gewaschen und fein gehackt

2 EL **Weizenmehl** (Type 405)

300 g **Kalbsfilet** am Stück, vom Filetkopf oder aus der Mitte geschnitten, in 2,5 cm breite Scheiben geschnitten und mit der Hand auf 1,5 cm flach gedrückt

Salz

schwarzer **Pfeffer** aus der Mühle

6 EL **Olivenöl**

FÜR DEN ROMANASALAT

1 EL **Olivenöl**

4 kleine **Romanasalatherzen** (250 g), gewaschen, geputzt, der Länge nach halbiert

Fleur de sel

schwarzer **Pfeffer** aus der Mühle

FÜR DAS DRESSING

½ TL **Stärke**

100 ml **Apfelsaft**

2 EL **Aceto balsamico**

40 g **Kalamataoliven** ohne Stein, je nach Größe halbiert oder geviertelt

brauner **Zucker**

Salz

schwarzer **Pfeffer** aus der Mühle

2 EL **Olivenöl**

Die **Eier** in einer kleinen Schüssel mit einer Gabel gut verquirlen, **Parmesan** und **Rosmarin** hinzufügen und unterrühren. Das **Mehl** auf einen flachen Teller geben.

Die **Fleischstücke** von beiden Seiten mit 3–4 Prisen **Salz** und etwas **Pfeffer** würzen, zuerst im Mehl und dann in der Parmesan-Ei-Masse wenden.

Das **Olivenöl** in einer großen breiten Pfanne erhitzen, die Kalbsfiletscheiben nebeneinander einlegen und bei mittlerer Hitze 2 Minuten anbraten. Das Kalbfleisch wenden und auch von der anderen Seite 2 Minuten anbraten, dann bei schwacher Hitze weitere 2–3 Minuten von beiden Seiten goldbraun braten. Aus der Pfanne heben und kurz auf einem Küchenpapier abtropfen lassen.

Parallel dazu für den Romanasalat das **Olivenöl** in einer zweiten Pfanne erhitzen, die **Salatherzen** mit der Schnittfläche nach unten einlegen und bei mittlerer Hitze 2 Minuten anbraten. Wenden, mit 2 Prisen **Fleur de sel** sowie etwas **Pfeffer** würzen und nochmals 1 Minute braten. Die Pfanne vom Herd nehmen.

Für das Dressing die **Stärke** in einer Tasse mit 2 EL **Apfelsaft** glatt verrühren. Den restlichen Saft in einem Topf aufkochen lassen, die Stärke einrühren und 2–3 Minuten sämig einkochen lassen. Den **Aceto balsamico** dazugeben, die **Oliven** einstreuen und mit je 1 Prise **Zucker** und **Salz** sowie etwas **Pfeffer** abschmecken. Zum Schluss das **Olivenöl** einrühren.

Die goldbraun gebratenen Kalbsfiletstücke mit dem lauwarmen Romanasalat und dem Dressing anrichten und servieren.

ÜBRIGENS ...

Romanasalat braten? Unbedingt! Plötzlich schmeckt er doppelt so intensiv!

Wildschweinschnitzel mit Coppa, Preiselbeeren und Rosmarin

FÜR 2 PERSONEN

FÜR DEN ROTKOHL

- ½ Kopf **Rotkohl** (350 g), geputzt, Strunk entfernt, Blätter in hauchfeine Streifen geschnitten oder gehobelt
- ½ **rote Zwiebel** (30 g), geschält und in feine Streifen geschnitten
- **Salz**
- 2 EL **Rapsöl**
- 1 EL **Preiselbeeren** (Glas)
- 2 Prisen gemahlener **Zimt**
- 2 Prisen gemahlener **Piment**
- schwarzer **Pfeffer** aus der Mühle
- Saft von ½ **Orange** (40 g)
- 3 EL **Rotwein-** oder **Apfelessig**

FÜR DIE WILDSCHWEIN-SCHNITZEL

- 250 g **Wildschweinrückenfilet,** küchenfertig, in 10 Stücke à 25 g geschnitten
- **Salz**
- schwarzer **Pfeffer** aus der Mühle
- 10 dünne Scheiben **Coppa** (ital. luftgetrockneter Schinken aus dem Nacken; à 5 g)
- 2 TL **Preiselbeeren** (Glas)
- 10 feine **Rosmarinspitzen,** gewaschen
- 1 EL **Olivenöl**
- 1 EL **Butter**
- 20 g **Haselnusskerne,** grob gehackt

KÜCHENHELFER

10 Zahnstocher

Rotkohl- und **Zwiebelstreifen** zusammen in eine Schüssel geben und mit 2–3 guten Prisen Salz würzen, kräftig durchkneten und 5 Minuten ziehen lassen.

Das **Öl** in einer Pfanne erhitzen und den gewürzten Rotkohl darin bei starker Hitze unter ständigem Rühren 5 Minuten rösten. Die **Preiselbeeren** hinzugeben und mit **Zimt, Piment** und **Pfeffer** kräftig abschmecken. Den Rotkohl vom Herd nehmen und in eine Schüssel umfüllen. **Orangensaft** und **Essig** miteinander verrühren und über den Rotkohl gießen, umrühren, nochmals mit Salz und Pfeffer abschmecken und beiseitestellen.

Die kleinen **Wildschweinschnitzel** mit der Handfläche etwas flach drücken und von beiden Seiten mit insgesamt 2–3 Prisen **Salz** und etwas **Pfeffer** würzen.

Die **Coppa-Scheiben** nebeneinander auf ein Arbeitsbrett legen und auf die untere Hälfte je 1 Schnitzel legen. Mit einem kleinen Klecks Preiselbeeren bestreichen und je 1 **Rosmarinspitze** darauf geben. Dann mit der anderen Schinkenhälfte abdecken und mit einem Zahnstocher fixieren.

Das **Olivenöl** in einer Pfanne erhitzen, die Schnitzel einlegen und bei starker Hitze 1 Minute anbraten. Wenden und auch von der zweiten Seite 1 Minute braten, dann aus der Pfanne nehmen und auf einen vorgewärmten Teller legen.

Die **Butter** in derselben Pfanne aufschäumen lassen, die **Haselnusskerne** einstreuen und 1 Minute goldbraun rösten. Die Wildschweinschnitzel wieder in die Pfanne legen und kurz in der Nussbutter wenden.

Die Schnitzel mit Rotkohl und Preiselbeeren auf Tellern anrichten und servieren.

ÜBRIGENS …

An diesem Rezept wären wir fast verzweifelt! Erst war das Wildschwein zu trocken, dann zu fade … und dann kamen wir auf diese Rezeptur: ein Highlight!

Gebratenes Schweinefilet mit Zwiebel-Senf-Kruste

FÜR 2 PERSONEN

FÜR DIE SCHWEINEFILETS

½ **Zwiebel** (50 g)**,** geschält, in feine Würfel geschnitten

2 EL mittelscharfer **Senf** (40 g)

2 TL **Panko-** oder **Semmelbrösel** (5 g)

300 g **Schweinefilet** (Mittelstück), in 2 cm dicke Scheiben geschnitten

Salz

schwarzer **Pfeffer** aus der Mühle

3 EL **Olivenöl**

FÜR DEN KOPFSALAT

2 EL **Essiggurkensud** (Glas)

2 EL **Weißwein-** oder **Branntweinessig**

Salz

schwarzer **Pfeffer** aus der Mühle

Zucker

2 EL **Rapsöl**

1 kleiner **Kopfsalat** (250 g), gewaschen, geputzt, Strunk entfernt, Blätter grob zerzupft

2 **Essiggurken** (Glas; 80 g), in kleine Würfel geschnitten

3–4 Stängel **Dill,** gewaschen, Stiele fein gehackt, Spitzen grob zerzupft

Die **Zwiebelwürfel** in einer kleinen Schüssel mit **Senf** und **Bröseln** verrühren.

Die **Schweinefilets** mit den Händen flach drücken, sodass die Stücke etwa 1,5 cm dick sind. Die Filetstücke von beiden Seiten mit insgesamt 3–4 Prisen **Salz** und etwas **Pfeffer** würzen und auf einer Seite mit dem Zwiebelsenf bestreichen, dabei den Zwiebelsenf gut andrücken.

Das **Olivenöl** in einer breiten Pfanne erhitzen, die vorbereiteten Filetstücke mit der Zwiebelseite nach unten ins heiße Öl legen und bei mittlerer Hitze etwa 5 Minuten darin braten. Dann mit einer kleinen Palette vorsichtig wenden und weitere 2 Minuten braten.

Parallel dazu das Dressing für den Salat zubereiten. Dafür den **Gurkensud** mit **Essig,** 2 Prisen **Salz,** etwas **Pfeffer** und 2 Prisen **Zucker** abschmecken, dann das **Rapsöl** unterrühren.

Kurz vor dem Servieren den **Kopfsalat** mit den **Essiggurken** in eine Schüssel geben, mit dem Dressing mischen, mit **Dill** verfeinern und gut umrühren. Eventuell noch mit Salz und Pfeffer abschmecken.

Die Schweinefilets mit Zwiebelkruste auf vorgewärmte Teller geben, den Salat daneben anrichten und servieren.

ÜBRIGENS …

Es gibt Kombinationen, die passen einfach! Liebes Schweinefilet, möchtest du die hier anwesende Zwiebel-Senf-Mischung heiraten und auf ewig als Kruste lieben? Ja, ich will.

TOPF

Das All-in-one-Prinzip

Der Topf steht für das Kochen mit viel Flüssigkeit. Ich verwende ihn immer dann, wenn ich Gerichte zaubern möchte, die bei Temperaturen um 100 °C entstehen. Beim Garen in viel Flüssigkeit denke ich natürlich zuallererst an Pasta. Aber auch Knödel und Fleischklopse, die im gewürzten Sud gar ziehen, gehören zu den klassischen Topfgerichten. Es geht um eine Verbindung von Fleisch und Sauce, sozusagen »all in one«. Es macht einfach Spaß, hier mit den unterschiedlichsten Geschmacksrichtungen zu experimentieren.

Im Topf wird allerdings nicht nur mit Wasser gekocht: Er eignet sich auch zum Frittieren. Eine große Menge Fett und hohe Temperaturen machen Gargut so richtig schön knusprig. Doch egal, ob ich ein Produkt sanft oder sprudelnd koche, knusprig frittiere oder nur ziehen lasse: Im Topf behält das Gericht sein volles Aroma.

Die Rezepte in diesem Kapitel bringen auf den Punkt, was den Topf so besonders macht: Er ist perfekt für Wohlfühlgerichte, in deren Aromen man schwelgen kann, er ist einfach perfekt für wahres Soulfood.

Sommerpasta mit Kaisergranat, Tomaten und Basilikum

FÜR 2 PERSONEN

250 g **Tagliatelle**
Salz
250 g reife **Tomaten,** gewaschen, vom Strunk befreit und in mundgerechte Stücke geschnitten
Fleur de sel
schwarzer **Pfeffer** aus der Mühle
brauner **Zucker**
4 EL **Olivenöl**
1 **Knoblauchzehe,** in der Schale angedrückt
500 g **Kaisergranat** mit Schale (beim Fischhändler vorbestellen), mit kaltem Wasser abgebraust und auf einem Küchenpapier abgetrocknet
1 guter EL **Butter**

ZUM ANRICHTEN

20 g **Pinienkerne,** in einer Pfanne ohne Fett 2 Minuten geröstet
8–10 **Basilikumblätter** (4 g), grob auseinandergezupft
Fleur de sel
schwarzer **Pfeffer** aus der Mühle

Die **Tagliatelle** nach Packungsangabe in reichlich kochendem **Salzwasser** bissfest garen, dann in ein Sieb abgießen und leicht abtropfen lassen.

In der Zwischenzeit die **Tomaten** mit 2 guten Prisen **Fleur de sel,** etwas **Pfeffer** und 1 Prise **Zucker** würzen, gut durchrühren, 2 EL **Olivenöl** unterrühren und zur Seite stellen.

Das restliche Olivenöl (2 EL) in einer großen Pfanne erhitzen, **Knoblauch** und **Kaisergranat** einlegen und bei mittlerer Hitze 2 Minuten anbraten. Dann wenden und nochmals 1 Minute braten. Aus der Pfanne heben, von Kopf und Scheren befreien und die Schwanzstücke der Länge nach halbieren. Das glasige Fleisch aus den Schalen herauslösen und dabei den Darm entfernen. Das Fleisch in mundgerechte Stücke schneiden.

In derselben Bratpfanne die **Butter** aufschäumen lassen, um die Aromastoffe zu lösen. Die tropfnassen Nudeln in der Butter schwenken, marinierte Tomaten, Kaisergranat, **Pinienkerne** und **Basilikum** unterheben, nochmals mit **Fleur de sel** und **Pfeffer** abschmecken und sofort servieren.

ÜBRIGENS ...

Die Tomaten kommen roh beziehungsweise bei Zimmertemperatur zur heißen Pasta und werden durch den Kaisergranat aromatisiert. Die perfekte Sommerpasta!

Bavette »Carbonara« mit Pancetta und knusprigem Rosmarin

FÜR 2 PERSONEN

250 g **Bavette** oder **Spaghetti**
Salz
3 Bio-**Landeigelb** (L)
4 EL **Schlagsahne**
20 g **Parmesan,** fein gerieben
Fleur de sel
schwarzer **Pfeffer** aus der Mühle
Muskatnuss, frisch gerieben
1 EL **Olivenöl**
60 g **Pancetta** oder **Bacon,** in hauchdünne Scheiben geschnitten
1 kleiner Zweig **Rosmarin,** gewaschen

ZUM ANRICHTEN

2 Stängel glatte **Petersilie,** gewaschen, abgezupft und grob geschnitten
Fleur de sel
schwarzer **Pfeffer** aus der Mühle
Parmesan, frisch gerieben oder gehobelt

Die **Nudeln** nach Packungsangabe in reichlich kochendem **Salzwasser** bissfest garen. Kurz vor Ende der Garzeit etwa 50 ml Nudelwasser abschöpfen und beiseitestellen. Die Nudeln dann in ein Sieb abgießen und leicht abtropfen lassen.

In der Zwischenzeit die **Eigelbe** mit **Sahne** und **Parmesan** in einer großen Schüssel glatt verrühren, mit 1 Prise **Fleur de sel,** etwas **Pfeffer** und **Muskatnuss** würzen.

Olivenöl und **Pancettascheiben** in eine große Pfanne geben, auf den Herd stellen und bei mittlerer Hitze 1 Minute anbraten. Dann wenden, den **Rosmarin** einlegen und weitere 2 Minuten von beiden Seiten knusprig braten. Die Pancetta aus der Pfanne heben und auf einem Küchenpapier abtropfen lassen. Dann in mundgerechte Stücke brechen. Die Rosmarinnadeln abzupfen.

Die tropfnassen Nudeln zur Ei-Sahne-Mischung in die Schüssel geben, sofort gut umrühren und je nach Konsistenz noch etwas heißes Nudelwasser dazugeben. Nun Pancetta und **Petersilie** unterheben, nochmals mit Fleur de sel und Pfeffer abschmecken.

Auf vorgewärmten Tellern anrichten, mit **Parmesan** und knusprigen Rosmarinnadeln bestreuen, mit etwas heißem Bratfett aus der Pfanne beträufeln und sofort servieren.

ÜBRIGENS …

Ein häufiger Irrglaube und im Grunde ein kulinarisches Verbrechen ist es, Carbonara mit einer reinen Sahnesauce zuzubereiten. Die Eigelbe mit nur wenig (!) Sahne machen die Pasta erst richtig cremig und aromatisch!

Butterspaghetti mit Gurkensauce und Saiblingskaviar

FÜR 2 PERSONEN

250 g **Spaghetti**
Salz

FÜR DIE GURKENSAUCE

100 g **Salatgurke,** gewaschen, geschält, halbiert, entkernt und grob gerieben
Salz
schwarzer **Pfeffer** aus der Mühle
60 g **Crème fraîche**

ZUM ANRICHTEN

1 guter EL **Butter**
1 Msp. Abrieb von der Bio-**Zitrone**
½ Bund **Schnittlauch,** gewaschen und in nicht zu feine Röllchen geschnitten
etwa 50 g **Saiblingskaviar** (Premiumqualität)
Fleur de sel
schwarzer **Pfeffer** aus der Mühle

Die **Spaghetti** nach Packungsangabe in reichlich kochendem **Salzwasser** bissfest garen. In ein Sieb abgießen und leicht abtropfen lassen.

In der Zwischenzeit für die Sauce die **Gurke** in eine Schüssel geben, mit 2 Prisen **Salz** und etwas **Pfeffer** würzen, gut vermischen und kurz ziehen lassen. Dann mit der **Crème fraîche** verrühren.

Die **Butter** in einer großen Pfanne aufschäumen lassen, die tropfnassen Nudeln dazugeben, mit **Zitronenabrieb** und **Schnittlauch** verfeinern und gut durchmischen. Jetzt die cremigen Gurken unterziehen, nochmals durchschwenken und die Pfanne vom Herd nehmen.

Nun den **Saiblingskaviar** dazugeben. Das Gericht nicht mehr kochen lassen, sondern den Kaviar nur ganz leicht unter die cremigen Nudeln heben. Eventuell noch mit **Fleur de sel** und **Pfeffer** abschmecken und sofort auf vorgewärmten Tellern anrichten und servieren.

ÜBRIGENS …
Auch andere Kaviarsorten können so serviert werden. Ein sehr modernes Kaviargericht mit maximaler Entfaltungsmöglichkeit für dieses Nobelprodukt!

Knoblauchpenne mit Sardellen und Frühlingszwiebeln

FÜR 2 PERSONEN

250 g **Penne**
Salz

FÜR DIE KNOBLAUCH-SAUCE

150 ml **Milch**
2 **Knoblauchzehen** (10 g), geschält und in dünne Scheiben geschnitten
40 g **Parmesan,** fein gerieben
2 EL **Olivenöl**
1 **Frühlingszwiebel** (40 g), gewaschen, geputzt, der Länge nach halbiert und schräg in feine Streifen geschnitten
3–4 in Öl eingelegte **Sardellenfilets** (Glas; 15 g), grob gehackt
2 Stängel glatte **Petersilie,** gewaschen, abgezupft, Stiele fein geschnitten, Blätter grob gehackt
Fleur de sel
Chiliflocken

ZUM ANRICHTEN

Parmesan, frisch gerieben oder gehobelt

Die **Penne** nach Packungsangabe in reichlich kochendem **Salzwasser** bissfest garen. Kurz vor Ende der Garzeit etwa 50 ml Nudelwasser abschöpfen und beiseitestellen. Die Nudeln dann in ein Sieb abgießen und leicht abtropfen lassen.

Für die Sauce in der Zwischenzeit die **Milch** mit dem **Knoblauch** in einen kleinen Topf geben, aufkochen und bei schwacher Hitze etwa 5 Minuten köcheln lassen. Die Knoblauchmilch mit dem **Parmesan** in einen hohen Messbecher geben und mit dem Stabmixer schaumig aufmixen.

Das **Olivenöl** in einer großen Pfanne erhitzen und die **Frühlingszwiebel** darin bei mittlerer Hitze 2 Minuten anbraten. Die **Sardellen** einlegen, kurz durchschwenken und die tropfnassen Nudeln unterheben. Die cremige Knoblauchsauce darübergießen, durchrühren und je nach Konsistenz noch etwas heißes Nudelwasser dazugeben. Zum Schluss mit **Petersilie** bestreuen und mit 2 Prisen **Fleur de sel** und 1–2 Prisen **Chiliflocken** abschmecken. Die cremigen Nudeln auf vorgewärmten Tellern anrichten, mit **Parmesan** bestreuen und servieren.

ÜBRIGENS ...

»Aglio Olio« kennt jeder. Hier Die Feinschmecker-Variante der »Spätnacht-Not-Pasta«, mit der man auch zu vorgerückter Stunde noch beeindrucken kann.

Gefüllte Schlutzkrapfen mit Salbeibutter und Bergkäse

FÜR 2–3 PERSONEN
20 STÜCK

FÜR DEN NUDELTEIG

100 g **Weizenmehl** (Type 405)

50 g **Hartweizengrieß**

2 Bio-**Landeigelb** (M)

1 Bio-**Landei** (M)

2 EL **Olivenöl**

Salz

Muskatnuss, frisch gerieben

Mehl für die Arbeitsfläche

etwas **Eiweiß** zum Bepinseln

FÜR DIE FÜLLUNG

1 EL **Butter**

½ **Schalotte** (20 g), geschält und in feine Würfel geschnitten

1 Scheibe **Toastbrot** (25 g), in kleine Würfel geschnitten

3 Stängel glatte **Petersilie** (10 g), gewaschen, Blätter abgezupft und fein gehackt

200 g gemischtes **Hackfleisch**

1 TL mittelscharfer **Senf**

1 Bio-**Landei** (M)

Salz

schwarzer **Pfeffer** aus der Mühle

ZUM ANRICHTEN

20 g **Butter**

4–6 **Salbeiblätter**

Salz

schwarzer **Pfeffer** aus der Mühle

80 g kräftiger **Bergkäse,** gehobelt

KÜCHENHELFER

Küchenmaschine mit Knethaken

Nudelholz

Metallring oder Tasse (7 cm Durchmesser)

Für den Teig alle Zutaten in die Schüssel der Küchenmaschine geben, mit 2 Prisen **Salz** und etwas **Muskatnuss** würzen. Den Knethaken einspannen und alles zunächst langsam, dann bei mittlerer Geschwindigkeit 6–8 Minuten zu einem glatten, glänzenden Teig kneten. Den Teig in Frischhaltefolie wickeln und etwa 1 Stunde bei Zimmertemperatur ruhen lassen.

Inzwischen für die Füllung die **Butter** in einer Pfanne aufschäumen lassen, **Schalotten-** und **Toastbrotwürfel** einstreuen und bei mittlerer Hitze 3 Minuten goldbraun braten. Die **Petersilie** unterheben, nochmals 1 Minute braten, dann die Pfanne vom Herd nehmen und auskühlen lassen.

Das **Hackfleisch** in eine Schüssel geben, geröstete **Brotwürfel, Senf** und **Ei** dazugeben, mit 3 guten Prisen **Salz** und **Pfeffer** würzen und alles gut miteinander verkneten. Bis zur Verwendung abdecken und kalt stellen.

Den Nudelteig auf einer bemehlten Arbeitsfläche zu einem großen, möglichst dünnen Rechteck (etwa 20 x 40 cm) ausrollen. Dann in zwei gleich große Bahnen teilen und diese nochmals ausrollen, bis der Teig 2–3 mm dick ist. Die Nudelbahnen dünn mit **Eiweiß** bepinseln. Die Fleischmasse in 20 Kugeln (à etwa 15 g) teilen. Nun eine Nudelbahn im unteren Drittel mit Kugeln belegen, jeweils mit etwa 4 cm Abstand. Die obere Teighälfte locker darüberklappen, Zwischenräume mit den Fingern gut andrücken. Mit dem Metallring Kreise ausstechen. Den Rand zusätzlich mithilfe einer Gabel festdrücken. Mit der zweiten Nudelbahn ebenso verfahren.

Die Nudeln portionsweise in einen breiten Topf mit reichlich kochendem Salzwasser geben. Sobald sie oben schwimmen, bei mittlerer Hitze offen etwa 7 Minuten garen.

Parallel dazu die **Butter** in einer ausreichend großen Pfanne aufschäumen lassen, die **Salbeiblätter** einlegen und mit 2 Prisen **Salz** würzen. Wenn die Butter eine leicht hellbraune Farbe angenommen hat, die fertigen Schlutzkrapfen mit einer Schaumkelle aus dem Nudelwasser heben, leicht abtropfen lassen und in die Pfanne geben. Kurz von beiden Seiten schwenken, mit **Pfeffer** würzen, den **Bergkäse** einstreuen und die Pfanne vom Herd ziehen. Durch die Resthitze schmilzt der Käse ganz leicht und bekommt so die perfekte Konsistenz. Auf vorgewärmten Tellern anrichten oder gleich in der Pfanne servieren.

ÜBRIGENS ...

Dieses Gericht ist den Aufwand wert! Es belohnt kulinarisch und ist ein Garant für den Applaus der Gäste.

Mac & cheese
»my way«

FÜR 2 PERSONEN

250 g **Gabel-Makkaroni**
Salz

FÜR DIE KÄSESAUCE
150 g **Cheddar,** gerieben
200 ml **Milch**
2 Bio-**Landeigelb** (L)
Salz
schwarzer **Pfeffer** aus der Mühle
Muskatnuss, frisch gerieben

ZUM ANRICHTEN
1 TL **Butter**
50 g **Emmentaler,** gerieben
1 EL frischer **Schnittlauch,** fein geschnitten

KÜCHENHELFER
Wasserbadschüssel oder Schlagkessel
Thermometer

Die **Gabel-Makkaroni** nach Packungsangabe in reichlich kochendem **Salzwasser** bissfest garen. Die Nudeln dann in ein Sieb abgießen und leicht abtropfen lassen.

In der Zwischenzeit den **Cheddar** mit der **Milch** in einen kleinen Topf geben und bei schwacher Hitze erwärmen. Dabei immer wieder mit dem Kochlöffel umrühren. Der Käse sollte schmelzen und sich vollständig mit der Milch verbinden.

Die **Eigelbe** in eine Wasserbadschüssel oder einen Schlagkessel geben. Damit die Masse beim Aufschlagen nicht gerinnt, zunächst einen kleinen Schöpflöffel Käsemilch zu den Eigelben geben und glatt verrühren. Erst jetzt die restliche Käsemilch einrühren. Die Käsesauce mit 2 Prisen **Salz,** etwas **Pfeffer** und **Muskatnuss** abschmecken.

Einen Topf etwa 2 cm hoch mit Wasser füllen und das Wasser zum Kochen bringen. Die Wasserbadschüssel so auf den Topf setzen, dass sie nicht im heißen Wasser steht. Die Käsesauce nun über dem heißen Wasserdampf etwa 3 Minuten mit dem Schneebesen schaumig aufschlagen. Bei diesem Vorgang bindet das Ei, und es entsteht eine cremig-luftige Sauce. Wer sich unsicher ist, kann ein Thermometer zur Hand nehmen, die Temperatur der Sauce sollte bei 75–80 °C liegen.

Zum Anrichten die **Butter** in einem Topf aufschäumen lassen, die heißen, tropfnassen Nudeln dazugeben, mit **Emmentaler** bestreuen und durchrühren. Den Topf vom Herd ziehen und jetzt nach und nach die Käsesauce unterrühren. Nochmals mit Salz, Pfeffer und Muskatnuss abschmecken, auf vorgewärmten Tellern anrichten, mit **Schnittlauch** bestreuen und sofort servieren.

ÜBRIGENS …
Dieser amerikanische Pastaklassiker hat leider oft eine breiige Konsistenz. Bei diesem Rezept ist die Käsecreme locker und schmeichelt der Pasta, statt sie zu erschlagen.

Deftiges »Bauernrisotto« mit knusprigen Pinienkern-Bröseln

FÜR 2 PERSONEN

FÜR DAS BAUERNRISOTTO

40 g kalte **Butter,** in kleine Würfel geschnitten

1 kleine **Schalotte** (30 g), geschält und in feine Würfel geschnitten

150 g **Risottoreis** (zum Beispiel Arborio)

Salz

100 ml trockener **Weißwein**

400–450 ml heiße **Hühner- oder Rinderbrühe**

je ½ rote und gelbe **Paprikaschote** (insgesamt 300 g), geschält, entkernt und in feine Würfel geschnitten

30 g **Parmesan,** fein gerieben

schwarzer **Pfeffer** aus der Mühle

ZUM ANRICHTEN

50 g **Pancettascheiben,** hauchdünn geschnitten

1 TL **Olivenöl**

20 g **Pinienkerne**

1 Scheibe **Toastbrot,** grob zerkleinert

6–8 **Rosmarinnadeln,** gewaschen und fein gehackt

Salz

In einem Topf 20 g **Butter** erhitzen und die **Schalottenwürfel** darin bei mittlerer Hitze 2 Minuten glasig anschwitzen.

Den **Risottoreis** einstreuen, durchrühren, mit 2 Prisen **Salz** würzen und mit **Weißwein** nach und nach ablöschen. Jetzt den Reis mit so viel heißer **Brühe** begießen, dass er gerade eben bedeckt ist. Wenn der Reis die Brühe aufgenommen hat, weitere Brühe angießen. Den Reis dabei immer wieder mit dem Kochlöffel umrühren. Nach etwa 8 Minuten die feinen **Paprikawürfel** einstreuen und mitgaren. Der Risotto braucht insgesamt und je nach Reisqualität etwa 18 Minuten. Er ist fertig, wenn die Reiskörner noch einen leichten Biss haben.

Inzwischen die **Pancettascheiben** mit dem **Olivenöl** in eine große Pfanne geben, dann auf den Herd stellen und bei mittlerer Hitze von beiden Seiten insgesamt 3–4 Minuten knusprig braten. Die Pancetta aus der Pfanne heben und auf einem Küchenpapier abtropfen lassen. Wenn sie etwas abgekühlt ist, in mundgerechte Stücke zupfen.

Die **Pinienkerne** mit dem **Toastbrot** in einen hohen Becher geben und mit dem Stabmixer zu Bröseln zermahlen. Die Brösel mit dem **Rosmarin** in einer Pfanne ohne Fett bei mittlerer Hitze etwa 3 Minuten goldbraun rösten. Leicht **salzen.**

Nun den Risotto verfeinern. Dafür die restlichen **Butterstücke** (20 g) und den **Parmesan** mit dem Kochlöffel nach und nach einrühren. Die Hälfte der Pancettastücke dazugeben, unterrühren und erst jetzt nochmals mit Salz und **Pfeffer** abschmecken.

Den cremigen Risotto auf vorgewärmten Tellern anrichten, mit den knusprigen Pinienkernbröseln und den restlichen Pancettastücken bestreuen und sofort servieren.

Safranrisotto mit karamellisierten grünen Spargelstücken

FÜR 2 PERSONEN

FÜR DAS SAFRANRISOTTO

1 EL **Olivenöl**

1 kleine **Schalotte** (30 g), geschält und in feine Würfel geschnitten

150 g **Risottoreis** (zum Beispiel Arborio)

Salz

100 ml trockener **Weißwein**

400–450 ml heiße **Hühner- oder Gemüsebrühe**

20 g kalte **Butter,** in kleine Würfel geschnitten

30 g **Parmesan,** fein gerieben

6–8 **Safranfäden,** in einer Tasse mit etwas heißem Wasser eingeweicht

schwarzer **Pfeffer** aus der Mühle

FÜR DEN SPARGEL

1 TL **Olivenöl**

250 g grüner **Spargel,** geputzt, im unteren Drittel geschält und schräg in 1 cm dicke Scheiben geschnitten

1 gestrichener TL **Puderzucker**

Salz

schwarzer **Pfeffer** aus der Mühle

ZUM ANRICHTEN

100 g gelbe **Tomaten,** gewaschen, vom Strunk befreit und in kleine Würfel geschnitten

brauner **Zucker**

Fleur de sel

2–3 **Estragonblätter,** fein gehackt, oder 1 gute Prise getrockneter Estragon

1 EL **Olivenöl**

½ Bio-**Zitrone,** ohne Fett auf der Schnittfläche goldbraun angebraten

Das **Olivenöl** in einem Topf erhitzen und die **Schalottenwürfel** darin bei mittlerer Hitze 2 Minuten glasig anschwitzen.

Den **Risottoreis** einstreuen, umrühren, mit 2 Prisen **Salz** würzen und nach und nach mit **Weißwein** ablöschen. Jetzt den Reis mit so viel heißer **Brühe** begießen, dass er gerade eben bedeckt ist. Wenn der Reis die Brühe aufgenommen hat, weitere Brühe angießen. Den Reis dabei immer wieder mit dem Kochlöffel umrühren. Der Risotto braucht insgesamt und je nach Reisqualität etwa 18 Minuten. Er ist fertig, wenn die Reiskörner noch einen leichten Biss haben.

Inzwischen für den Spargel das **Olivenöl** in einer breiten Pfanne erhitzen, die **Spargelstücke** einlegen und bei starker Hitze 1 Minute anbraten. Dann mit **Puderzucker** bestäuben und weitere 2–3 Minuten braten, bis der Spargel gar, aber noch bissfest ist. Mit 2 Prisen **Salz** und etwas **Pfeffer** würzen.

Die **Tomaten** in eine Schüssel geben, mit je 1 Prise **Zucker** und **Fleur de sel** würzen, gut durchrühren. **Estragon** und **Olivenöl** hinzugeben und erneut umrühren.

Nun den Risotto verfeinern. Dafür die kalten **Butterstücke** und den **Parmesan** mit dem Kochlöffel nach und nach einrühren, die eingeweichten **Safranfäden** unterziehen und erst jetzt nochmals mit Salz und Pfeffer abschmecken.

Den cremigen Safran-Risotto mit den karamellisierten Spargelstücken auf vorgewärmten Tellern anrichten, mit etwas »gebratenem« **Zitronensaft** beträufeln, mit den saftigen Tomaten belegen und sofort servieren.

ÜBRIGENS ...

Beim Anbraten der Zitrone wird die Säure abgemildert, und es entsteht ein stärkeres Aroma als üblich durch die aktivierten ätherischen Öle aus der Schale.

Paprikagulasch mit Gewürzbutter und Petersilienschmand

FÜR 2 PERSONEN

FÜR DAS GULASCH

- 2 EL **Olivenöl**
- 1 **Zwiebel** (100 g), geschält, geviertelt und in 2–3 cm große Stücke geschnitten
- je 1 rote und gelbe **Paprikaschote** (insgesamt 500 g), geschält, entkernt, der Länge nach in 4 breite Streifen und dann in 2–3 cm große Dreiecke geschnitten
- 400 g festkochende **Kartoffeln,** gewaschen, geschält, je nach Größe halbiert oder geviertelt und in 2–3 cm große Dreiecke geschnitten
- 1 Msp. **Cayennepfeffer**
- 1 TL **Paprikapulver** edelsüß
- 1 EL **Tomatenmark**
- 250 g **passierte Tomaten** (Dose)
- 500 ml **Gemüsebrühe**

FÜR DIE GEWÜRZBUTTER

- 20 g kalte **Butter**
- 2 dünne Scheiben **Knoblauch** (1 g)
- 1 Prise **Kümmel**
- 2 Prisen getrockneter **Majoran**

ZUM ANRICHTEN

- 80 g **Schmand**
- 3 Stängel glatte **Petersilie** (10 g), gewaschen, Blätter abgezupft und fein gehackt
- 1 Msp. feiner Abrieb von der Bio-**Zitrone**
- **Salz**
- 1 Prise brauner **Zucker**
- schwarzer **Pfeffer** aus der Mühle
- **Weiß-** oder **Bauernbrot** nach Belieben

Das **Olivenöl** in einem Topf erhitzen und die **Zwiebel** darin 2 Minuten glasig anschwitzen. **Paprika-** und **Kartoffelstücke** dazugeben, mit **Cayennepfeffer** und **Paprikapulver** bestreuen und weitere 2 Minuten anrösten. Das **Tomatenmark** einrühren und 1 Minute mitrösten, dann mit **passierten Tomaten** und **Gemüsebrühe** ablöschen. Alles aufkochen lassen, abdecken und etwa 40 Minuten bei schwacher Hitze köcheln lassen. Dabei immer wieder umrühren. Die letzten 5 Minuten offen kochen lassen.

In der Zwischenzeit für die Gewürzbutter die kalte **Butter** auf ein Brett geben, **Knoblauch, Kümmel** und **Majoran** darauf verteilen, leicht andrücken und mit einem breiten Messer möglichst fein hacken. Bis zur Verwendung abdecken und kühl stellen.

Den **Schmand** mit **Petersilie** und **Zitronenabrieb** verrühren und mit 2 Prisen **Salz,** 1 Prise **Zucker** und etwas **Pfeffer** abschmecken.

Das sämig eingekochte Paprikagulasch mit der kalten Gewürzbutter verrühren und je nach gewünschter Schärfe noch mit Cayennepfeffer und Salz abschmecken. Auf vorgewärmten Tellern anrichten und mit dem Petersilienschmand servieren. Wer möchte, kann frisches Weiß- oder Bauernbrot dazu genießen.

Aromatisches Kürbiscurry mit Äpfeln, Koriander und Kokoschips

FÜR 2 PERSONEN

FÜR DAS KÜRBISCURRY

1 TL **Rapsöl**

½ **Zwiebel** (60 g), geschält und in 1 cm große Würfel geschnitten

1 EL **Tomatenmark** (10 g)

1 TL brauner **Zucker**

1 guter TL rote **Currypaste** (Fertigprodukt; 8 g)

400 g **Kokosmilch** (Dose)

200 g **Gemüsebrühe** oder Wasser

1 Stück **Zitronengras,** angequetscht und der Länge nach halbiert

2–3 frische oder getrocknete **Zitronenblätter**

2 Scheiben **Ingwer** (5 g), fein gehackt

600 g **Muskatkürbis,** geschält und in 2 cm große Stücke geschnitten

100 g **Schlagsahne**

Salz

FÜR DIE ÄPFEL

20 g **Butter**

½ TL brauner **Zucker**

1 kleiner, rotbackiger **Apfel** (etwa 110 g), gewaschen, entkernt und in 1 cm breite Spalten geschnitten

1–2 Stängel **Koriandergrün,** gewaschen und samt Stiele fein gehackt

ZUM ANRICHTEN

1 dünne **Frühlingszwiebel** (20 g), gewaschen, geputzt und schräg in möglichst feine Ringe geschnitten

etwa 15 g **Kokoschips,** geröstet

Das **Rapsöl** in einem breiten Topf erhitzen und die **Zwiebelwürfel** darin bei mittlerer Hitze 3 Minuten anschwitzen. **Tomatenmark, Zucker** und **Currypaste** einrühren und 1 Minute mitrösten, dann mit **Kokosmilch** ablöschen, aufkochen und 2 Minuten köcheln lassen. Die **Gemüsebrühe** in die leere Kokosmilchdose geben, die Dose ausschwenken und die Brühe zum Curry geben. Alles noch einmal aufkochen lassen. **Zitronengras, Zitronenblätter** und **Ingwer** hinzugeben und das Curry offen bei schwacher Hitze knapp 10 Minuten köcheln lassen.

Jetzt den **Muskatkürbis** einlegen, den Topf abdecken und das Curry weitere 20 Minuten köcheln lassen, bis der Kürbis weich ist.

Kurz vor Ende der Garzeit für die Äpfel die **Butter** in einer Pfanne aufschäumen lassen, den **Zucker** einstreuen, die **Apfelspalten** nebeneinander einlegen und 2 Minuten goldbraun glasieren. Dann wenden, den **Koriander** hinzugeben und nochmals 1 Minute braten.

Das Kürbiscurry jetzt mit der **Sahne** verfeinern und mit 2–3 Prisen **Salz** abschmecken.

Das Curry in vorgewärmten Schalen anrichten (Zitronengras und Zitronenblätter dabei entfernen), mit den **Frühlingszwiebeln** und den **Kokoschips** bestreuen, mit den glasierten Äpfeln garnieren und servieren. Als Beilage eignet sich ganz klassisch gekochter Basmatireis.

ÜBRIGENS ...

Das perfekte Rezept für die ganze Familie: modern, trendy, aromatisch!

Süß-saure Berglinsen mit Salsiccia und Staudensellerie

FÜR 2 PERSONEN

FÜR DEN BERGLINSENEINTOPF

3 EL **Olivenöl**

1 **Schalotte** (40 g), geschält und in feine Würfel geschnitten

½ **Karotte** (40 g), gewaschen, geschält und in feine Würfel geschnitten

150 g Bio-**Berglinsen**

1 TL **Tomatenmark** (10 g)

1 TL brauner **Zucker**

1–2 EL **Aceto balsamico**

500–600 ml **Gemüsebrühe**

1 **Lorbeerblatt**

1 Zweig **Thymian,** gewaschen

2 festkochende **Kartoffeln** (160 g), gewaschen, geschält und in 1 cm große Würfel geschnitten

4 **Salsiccia** (italienische Bratwurst mit Fenchelsamen; à 60 g), enthäutet, Brät mit feuchten Händen zu Kugeln (à 25 g) geformt und flach gedrückt

1 EL kalte **Butter**

1 TL mittelscharfer **Senf**

2 Prisen getrockneter **Oregano**

Salz

schwarzer **Pfeffer** aus der Mühle

ZUM ANRICHTEN

1 Stange **Staudensellerie** mit Grün (50 g), gewaschen, Fäden abgezogen, der Länge nach halbiert und in feine Scheiben geschnitten, Blätter grob zerzupft

Fleur de sel

1 EL **Olivenöl**

2 TL alter, cremiger **Aceto balsamico**

In einem Topf 2 EL **Olivenöl** erhitzen und die **Schalottenwürfel** darin 2 Minuten glasig anschwitzen. **Karottenwürfel**, **Berglinsen** und **Tomatenmark** hinzugeben und 1 Minute anrösten, dann mit **Zucker** bestreuen, leicht karamellisieren lassen und mit 1 EL **Aceto balsamico** und einem Schuss **Gemüsebrühe** ablöschen.

Etwa die Hälfte der Gemüsebrühe aufgießen, das **Lorbeerblatt** und den **Thymian** einlegen und alles aufkochen lassen. Abdecken und etwa 15 Minuten köcheln lassen, dabei immer wieder umrühren und Brühe nachgießen. Jetzt die **Kartoffelwürfel** hinzugeben und alles weitere 30 Minuten bei schwacher Hitze abgedeckt köcheln lassen. Je nach Qualität der Linsen können sich die benötigte Flüssigkeitsmenge und die Kochzeit verändern.

Das restliche Olivenöl (1 EL) in einer Pfanne erhitzen, die **Salsiccia** einlegen, bei mittlerer Hitze 3 Minuten rundherum anbraten und dann zu den Linsen in den Topf geben. Den Eintopf weitere 5 Minuten offen sämig einkochen lassen. Dann kalte **Butter, Senf** und **Oregano** einrühren, mit **Salz** und **Pfeffer** würzen und je nach Geschmack noch etwas Aceto balsamico zugeben.

Den **Staudensellerie** mit 1 Prise **Fleur de sel** und dem **Olivenöl** anmachen. Die Linsen in vorgewärmte Schalen oder auf Teller geben, mit dem frischen Staudensellerie und ein paar Tropfen altem Balsamico anrichten und servieren.

Wintergemüseeintopf mit Liebstöckel und Käsekrainern

FÜR 2 PERSONEN

FÜR DEN GEMÜSEEINTOPF

1 EL **Olivenöl**

½ **Zwiebel** (60 g), geschält und in feine Würfel geschnitten

je 100 g **Pastinaken, Karotten, Knollensellerie,** gewaschen, geschält und in 1 cm große Würfel geschnitten

Salz

300 g festkochende **Kartoffeln,** gewaschen, geschält und in 1 cm große Würfel geschnitten

600 ml kräftige **Rinder- oder Gemüsebrühe**

1 **Lorbeerblatt**

1 Zweig **Liebstöckel,** gewaschen, oder 2–3 Prisen getrockneter Liebstöckel

50 g **Lauch,** gewaschen und in 1 cm große Stücke geschnitten

1 TL mittelscharfer **Senf**

1 TL grobkörniger **Senf**

2 Paar **Käsekrainer** (200 g)

schwarzer **Pfeffer** aus der Mühle

1 Prise gemahlener **Kümmel**

Muskatnuss, frisch gerieben

ZUM ANRICHTEN

1 EL **Schnittlauchröllchen**

Das **Olivenöl** in einem Topf erhitzen und die **Zwiebelwürfel** darin bei mittlerer Hitze 2 Minuten glasig anschwitzen. Die **Gemüsewürfel** dazugeben, sofort mit 2 Prisen **Salz** würzen und 2 Minuten anbraten. Dann die **Kartoffelwürfel** hinzufügen, durchrühren, mit der **Brühe** aufgießen und aufkochen lassen. Zum Schluss **Lorbeer** und **Liebstöckel** einlegen, abdecken und alles 15 Minuten bei schwacher Hitze köcheln lassen.

Den **Lauch** dazugeben und offen weitere 2 Minuten garen. Jetzt die beiden **Senfsorten** einrühren, die **Käsekrainer** einlegen und den Eintopf weitere 6–7 Minuten bei schwacher Hitze köcheln lassen. Dabei immer wieder mal umrühren.

Nun den Eintopf mit Salz, **Pfeffer, Kümmel** und **Muskatnuss** abschmecken, auf vorgewärmte Teller geben, mit **Schnittlauch** bestreuen und servieren. Wer möchte, kann frisches Bauernbrot dazu reichen.

ÜBRIGENS …

Den perfekten Genuss gibt es nur mit Käsekrainern vom Metzger des Vertrauens!

STAUB
STAUB

»Im Topf entstehen wahre Wohlfühlgerichte.«

Wildschweinklopse aus dem Gewürzsud mit Rahmpilzen

FÜR 2 PERSONEN

FÜR DIE HACKFLEISCHMASSE

- 1 EL **Butter**
- ½ **Zwiebel** (60 g), geschält und in feine Würfel geschnitten
- 50 ml **Milch**
- 1 Scheibe **Toastbrot,** in kleine Würfel geschnitten
- 400 g **Wildschweinschulter,** durch den Fleischwolf gedreht
- 1 Bio-**Landei** (M)
- 2 Prisen getrockneter **Thymian**
- 1 Prise getrockneter **Majoran**
- **Salz**
- schwarzer **Pfeffer** aus der Mühle

FÜR DEN SUD

- 2 **Lorbeerblätter**
- ½ **Zimtstange**
- 2 **Nelken**
- 1 TL **Wacholderbeeren**

FÜR DIE RAHMPILZE

- 20 g **Butter**
- ½ **Zwiebel** (60 g), geschält und in feine Würfel geschnitten
- 1 kleine **Knoblauchzehe** (3 g), geschält und in feine Würfel geschnitten
- 200 g braune **Champignons,** geputzt und in kleine Stücke geschnitten
- 5 g getrocknete **Steinpilze,** grob gehackt
- 200 g **Schlagsahne**
- ½ TL **Speisestärke,** mit etwas kaltem Wasser glatt gerührt
- 3 Stängel glatte **Petersilie** (8 g), gewaschen, Stiele fein geschnitten, Blätter grob gehackt
- **Muskatnuss,** frisch gerieben

Die **Butter** in einem kleinen Topf aufschäumen lassen und die **Zwiebelwürfel** darin bei schwacher Hitze 3 Minuten anbraten, bis sie leicht Farbe annehmen. Die **Milch** angießen, **Toastbrot** dazugeben, alles gut durchrühren und etwas abkühlen lassen.

Das **Hackfleisch** in eine Schüssel geben, das eingeweichte Toastbrot zufügen. **Ei, Thymian, Majoran,** 2 gute Prisen **Salz** und etwas **Pfeffer** hinzugeben und alles zu einer homogenen Masse verkneten. Mit feuchten Händen zu zehn gleichmäßig großen Kugeln formen.

Für den Sud einen Topf mit Wasser füllen, kräftig **salzen** und **Lorbeerblätter, Zimt, Nelken** und **Wacholderbeeren** hineingeben. Das Wasser zum Kochen bringen, die Wildschweinklopse einlegen, einmal aufkochen lassen, die Temperatur reduzieren und die Klopse bei mittlerer Hitze offen etwa 20 Minuten ziehen lassen.

Inzwischen für die Rahmpilze die **Butter** in einem Topf erhitzen und die **Zwiebelwürfel** darin 2 Minuten anbraten. **Knoblauch** und **Champignons** dazugeben und bei mittlerer Hitze 4 Minuten braten. Die getrockneten **Steinpilze** einstreuen, mit 2 Prisen **Salz** würzen und nochmals 1 Minute braten, dann mit der **Sahne** ablöschen. Die Sahne 2 Minuten köcheln lassen, die **Stärke** einrühren und weitere 2–3 Minuten sämig einkochen lassen.

Kurz vor dem Servieren die **Petersilienstiele** und **-blätter** einstreuen und mit Salz, Pfeffer und **Muskatnuss** abschmecken.

Die Klopse mit einer Schaumkelle aus dem Wasser heben, leicht abtropfen lassen und mit der Pilzsauce servieren. Dazu passen frisch gestampfte Kartoffeln und Preiselbeeren.

ÜBRIGENS …

Am liebsten genieße ich dieses Gericht sogar ganz pur, nur mit Brot zum In-die-Sauce-Tunken.

Lockere Schweineklopse mit Szegediner Kraut und Speckkrusteln

FÜR 2 PERSONEN

FÜR DIE KLOPSE

1 EL **Butter**

½ **Zwiebel** (70 g), geschält, in feine Würfel geschnitten

3 Stängel glatte **Petersilie** (8 g), gewaschen, Blätter abgezupft und fein gehackt

2–3 Prisen getrockneter **Majoran**

50 ml **Milch**

2 Scheiben **Toastbrot,** in feine Würfel geschnitten

300 g **Schweinehackfleisch**

1 EL mittelscharfer **Senf**

1 Bio-**Landei** (M)

Salz

schwarzer **Pfeffer** (Mühle)

Muskatnuss, frisch gerieben

1 TL **Wacholderbeeren**

1 TL **Pimentkörner**

2 **Lorbeerblätter**

FÜR DAS KRAUT

1 EL **Butterschmalz**

1 **Zwiebel** (80 g), geschält, halbiert und in feine Streifen geschnitten

450 g **Sauerkraut** (Dose; 5-Minuten-Kraut), im Sieb mit Wasser abgebraust

1 EL **Tomatenmark**

2 TL **Paprikapulver** edelsüß

200 ml trockener **Weißwein**

250 ml **Gemüsebrühe**

1 **Lorbeerblatt**

1 EL kalte **Butter**

2 Prisen **Kümmel**

brauner **Zucker**

FÜR DIE KRUSTELN

1 EL **Butterschmalz**

150 g festkochende **Kartoffeln,** geschält und in 0,5 cm große Würfel geschnitten

30 g geräucherter **Bauchspeck,** in feine Würfel geschnitten

Die **Butter** in einem Topf erhitzen und die **Zwiebelwürfel** darin bei mittlerer Hitze 4 Minuten hell anschwitzen. **Petersilie** und **Majoran** dazugeben, mit der **Milch** aufgießen und alles einmal aufkochen lassen. Die **Brotwürfel** in eine Schüssel geben und mit der Zwiebel-Milch übergießen, durchrühren und abkühlen lassen.

Das **Hackfleisch** mit dem Brotgemisch, **Senf** und **Ei** zu einer homogenen Masse verkneten und mit 3–4 Prisen **Salz,** etwas **Pfeffer** und **Muskatnuss** kräftig abschmecken.

1,5 Liter Wasser in einem Kochtopf aufkochen lassen, mit 1½ TL Salz würzen, **Wacholder, Piment** und **Lorbeer** in einen Einwegteebeutel geben, den Beutel verschließen und ins Kochwasser legen. Aus der Fleischmasse zehn Portionen à 50 g abwiegen und mit feuchten Händen zu Kugeln formen. Die Kugeln ins kochende Wasser legen. Nochmals aufkochen lassen. Sobald die Klopse oben schwimmen, bei schwacher Hitze 15 Minuten ziehen lassen.

Für das Kraut das **Butterschmalz** in einem Topf erhitzen und die **Zwiebel** darin 2 Minuten glasig anschwitzen Das **Sauerkraut** dazugeben und 3 Minuten anrösten, **Tomatenmark** einrühren, mit **Paprikapulver** bestreuen und nochmals 1 Minute anrösten. Mit dem **Weißwein** ablöschen und die Flüssigkeit einkochen lassen. Dann mit der **Gemüsebrühe** aufgießen, das **Lorbeerblatt** einlegen, alles aufkochen lassen, abdecken und 10 Minuten bei schwacher Hitze köcheln lassen. Das Kraut mit **Butter, Kümmel,** je 2 Prisen **Zucker** und **Salz** sowie etwas **Pfeffer** abschmecken.

Für die Krusteln das **Butterschmalz** in einer Pfanne erhitzen. Die **Kartoffelwürfel** einstreuen, mit 2 Prisen **Salz** würzen und bei mittlerer Hitze 2 Minuten anbraten. Den **Speck** dazugeben und weitere 2–3 Minuten goldbraun und knusprig braten. Das Bratfett zum Verfeinern ins Kraut gießen, die Krusteln auf ein Küchenpapier gleiten lassen und mit **Pfeffer** würzen.

Die Schweineklopse mit der Schaumkelle aus dem Wasser heben und mit dem Kraut, den Speckkrusteln und zum Beispiel mit einem Schnittlauchschmand anrichten.

Lammklopse mit Paprikasauce, grünen Bohnen und Speck

FÜR 2 PERSONEN

FÜR DIE LAMMKLOPSE

2 EL **Olivenöl**

½ **Zwiebel** (50 g), geschält, in feine Würfel geschnitten

½ **Knoblauchzehe** (3 g), geschält und fein gehackt

2 Zweige **Thymian,** gewaschen, Blätter abgezupft und fein gehackt

2 Stängel glatte **Petersilie** (5 g), gewaschen, Blätter abgezupft und fein gehackt

50 ml **Milch**

50 g **Ciabattabrot,** in kleine Würfel geschnitten

300 g **Lammhackfleisch**

1 Bio-**Landei** (L)

20 g **getrocknete Tomaten** in Öl, in feine Würfel geschnitten

20 g **Kalamataoliven,** ohne Stein, in feine Würfel geschnitten

Salz

schwarzer **Pfeffer** (Mühle)

FÜR DIE PAPRIKASAUCE

2 EL **Olivenöl**

½ **Zwiebel** (60 g), geschält und in 1 cm große Würfel geschnitten

½ rote **Paprikaschote** (200 g), geschält, entkernt, in 2 cm große Stücke geschnitten

1 EL **Tomatenmark** (20 g)

1 TL **Paprikapulver** edelsüß

300 ml **Gemüsebrühe**

FÜR DIE BOHNEN

150 g breite **Bohnen,** gewaschen, geputzt und schräg in 2 cm große Stücke geschnitten

40 g **Frühstücksspeck,** in 1 cm breite Streifen geschnitten

1 TL **Butter**

Muskatnuss, frisch gerieben

Für die Lammklopse das **Olivenöl** in einer Pfanne erhitzen, **Zwiebelwürfel** und **Knoblauch** einstreuen und bei mittlerer Hitze 2 Minuten anschwitzen. Die **Kräuter** hinzugeben, kurz durchschwenken, die **Milch** dazugießen und die Pfanne vom Herd ziehen.

Die **Ciabattawürfel** in eine Schüssel geben, mit der Zwiebelmilch begießen und 5 Minuten ziehen lassen. Jetzt **Lammhackfleisch, Ei, getrocknete Tomaten** und **Oliven** dazugeben, alles zu einer homogenen Masse verkneten und mit **Salz** und **Pfeffer** gut abschmecken. Mit feuchten Händen zu zehn Kugeln (à etwa 50 g) formen.

Für die Paprikasauce das **Olivenöl** in einem Topf erhitzen und die **Zwiebel** darin bei mittlerer Hitze 2 Minuten anschwitzen. Die **Paprika** dazugeben und 2 Minuten anbraten, das **Tomatenmark** einrühren, 1 Minute rösten und dann das **Paprikapulver** einstreuen. Alles gut durchrühren, mit der **Gemüsebrühe** aufgießen und aufkochen lassen.

Nun die Lammklopse nebeneinander in die Sauce legen, den Topf abdecken und die Klopse bei schwacher Hitze etwa 30 Minuten schmoren lassen. Die sämig eingekochte Sauce mit 2–3 Prisen **Salz** und **Pfeffer** abschmecken.

Inzwischen die **Bohnen** in kochendes **Salzwasser** geben, und darin etwa 6 Minuten garen, bis sie weich sind, aber noch Biss haben. Dann abgießen und mit kaltem Wasser abschrecken.

Den **Frühstücksspeck** mit der **Butter** in eine Pfanne geben und bei mittlerer Hitze etwa 4 Minuten goldbraun braten. Die Bohnen dazugeben, 1 Minute erwärmen, leicht salzen und mit **Pfeffer** und **Muskatnuss** abschmecken.

Die fertigen Lammklopse mit der Sauce und den Speckbohnen auf vorgewärmten Tellern anrichten und zum Beispiel mit Reis servieren.

ÜBRIGENS …

Wer bei Lammfleisch schlechte Erinnerungen an früher hat, dem sei versichert: Die heutige Lammfleischqualität ist exzellent. Also ran ans Lamm!

Hähnchenklopse mit Sesambutter und Bananen-Currysauce

FÜR 2 PERSONEN

FÜR DIE KLOPSE

250 g Bio-**Hähnchenbrustfleisch** ohne Haut, in kleine Würfel geschnitten
Salz
2 TL **Sojasauce**
1 Bio-**Landei** (L)
100 g **Schlagsahne**
2 Scheiben **Toastbrot** ohne Rinde (40 g), in kleine Würfel geschnitten
2 Stängel **Koriandergrün** (2 g), gewaschen, Blätter abgezupft und fein gehackt
2 Stängel glatte **Petersilie** (3 g), gewaschen, Blätter abgezupft und fein gehackt
schwarzer **Pfeffer** (Mühle)
1 Msp. **Cayennepfeffer**
Abrieb von ¼ Bio-**Limette**

FÜR DIE SAUCE

1 EL **Olivenöl**
1 **Zwiebel** (50 g), geschält, in feine Würfel geschnitten
½ **Banane** (80 g), geschält, in Scheiben geschnitten
1 dünne Scheibe **Ingwer,** in feine Würfel geschnitten
160 g **Ananasfruchtfleisch,** in kleine Würfel geschnitten
1 TL **Currypulver**
100 ml **Gemüsebrühe**
200 g **Schlagsahne**
1–2 Prisen **Chiliflocken**

ZUM ANRICHTEN

1 EL **Olivenöl**
250 g **Pak Choi,** gewaschen, geputzt, Strunk und Blätter getrennt in 1 cm breite Streifen geschnitten
1 TL **Butter**
1 EL weißer **Sesam** geröstet

KÜCHENHELFER

Mixer

Das **Hähnchenfleisch** in eine Schüssel geben, mit 2 Prisen **Salz** und der **Sojasauce** würzen und gut durchrühren. Dann mit dem **Ei** und der **Sahne** in den Mixer geben und zu einer glatten, glänzenden Masse pürieren. Die Masse in eine Schüssel geben und mit dem **Toastbrot** und den **Kräutern** gut vermengen. Mit **Salz, Pfeffer** und **Cayennepfeffer** abschmecken und mit **Limettenabrieb** verfeinern.

In einem Topf etwa 1,5 l Wasser aufkochen lassen und gut salzen. Die Hähnchenmasse mit feuchten Händen zu 16 Klopsen (à etwa 25 g) formen. Die Klopse ins kochende Salzwasser geben und noch einmal aufkochen lassen. Sobald alle Klopse oben schwimmen, bei schwacher Hitze etwa 10 Minuten ziehen lassen.

Parallel dazu die Sauce zubereiten. Dafür das **Olivenöl** in einem Topf erhitzen und die **Zwiebelwürfel** darin bei mittlerer Hitze 2 Minuten anschwitzen. **Banane, Ingwer** und die Hälfte der **Ananaswürfel** dazugeben, mit **Currypulver** bestreuen und 3 Minuten dünsten. Dann mit der **Gemüsebrühe** ablöschen, die **Sahne** dazugießen und einmal aufkochen lassen. Die Sauce bei schwacher Hitze etwa 10 Minuten köcheln lassen. Dann mit dem Stabmixer fein mixen und je nach Konsistenz etwas **Kochsud** von den Hähnchenklopsen dazugießen. Mit **Salz** und **Chiliflocken** abschmecken und die restlichen Ananaswürfel in der Sauce erwärmen.

Zum Anrichten das **Olivenöl** in einer Pfanne erhitzen, die hellen **Pak-Choi-Streifen** hinzufügen, mit 2 Prisen **Salz** würzen und bei mittlerer Hitze 3 Minuten anbraten. Nun die grünen Streifen dazugeben und weitere 3 Minuten braten.

Die **Butter** in einer Pfanne erhitzen. DIe Hähnchenklopse mit einer Schaumkelle aus dem Wasser heben, kurz auf einem Tuch abtropfen lassen und in die heiße Butter geben. Mit dem **Sesam** bestreuen und ringsherum für etwa 2 Minuten anbraten, bis sie leicht gebräunt sind.

Die Hähnchenklopse mit der Sauce und dem Gemüse anrichten und zum Beispiel mit Duftreis servieren.

Glasierte Rote-Bete-Knödel mit Kümmelbutter, Meerrettich und Dill

FÜR 2 PERSONEN

FÜR DIE KNÖDEL

100 g **Rote Bete** gegart, geschält und in grobe Stücke geschnitten

100 ml **Rote-Bete-Saft**

3 Bio-**Landeier** (L)

Salz

schwarzer **Pfeffer** aus der Mühle

Muskatnuss, frisch gerieben

20 g **Butter**

½ **Zwiebel** (60 g), geschält und in feine Würfel geschnitten

200 g **Knödelbrot**

FÜR DIE KÜMMELBUTTER

40 g **Butter**

80 g **Rote Bete,** gegart, geschält und in kleine Würfel geschnitten

50 ml **Rote-Bete-Saft**

Salz

schwarzer **Pfeffer** aus der Mühle

2 gute Prisen **Kümmel,** ganz oder gemahlen

ZUM ANRICHTEN

einige frische **Dillspitzen,** grob zerzupft

ein kleines Stück **Meerrettich,** geschält und gerieben

Die **Rote Bete** mit **Saft** und **Eiern** in einen hohen Becher geben und mit dem Stabmixer fein pürieren. Mit 2 guten Prisen **Salz,** etwas **Pfeffer** und **Muskatnuss** würzen.

Die **Butter** in einer kleinen Pfanne erhitzen und die **Zwiebelwürfel** darin bei mittlerer Hitze 2–3 Minuten glasig anschwitzen. Dann vom Herd ziehen und etwas abkühlen lassen.

Das **Knödelbrot** und die gedünstete Zwiebel in eine Schüssel geben, mit dem vorbereiteten Rote-Bete-Gemisch begießen, locker durchrühren und 10 Minuten quellen lassen. Die Knödelmasse nochmals mit Salz, Pfeffer und Muskatnuss kräftig abschmecken. Die Masse mit angefeuchteten Händen in acht gleich große Knödel (à etwa 70 g) formen.

Reichlich Wasser in einen großen Topf geben, gut salzen und zum Kochen bringen. Die Rote-Bete-Knödel einlegen und aufkochen lassen. Sobald die Knödel an der Oberfläche schwimmen, die Temperatur reduzieren und die Knödel bei schwacher Hitze etwa 20 Minuten ziehen lassen.

Kurz vor Ende der Garzeit für die Kümmelbutter die **Butter** in einer Pfanne aufschäumen lassen, **Rote-Bete-Würfel** und **-Saft** dazugeben und kurz durchschwenken, mit 2 Prisen **Salz,** etwas **Pfeffer** und dem **Kümmel** würzen. Die Knödel mit einer Schaumkelle aus dem Wasser heben, kurz abtropfen lassen und in die Pfanne geben. Bei mittlerer Hitze 1–2 Minuten darin schwenken.

Die Rote-Bete-Knödel auf vorgewärmten Tellern mit der Kümmelbutter anrichten. Mit **Dill** und frisch geriebenem **Meerrettich** garnieren und servieren.

Spinatknödel mit Bergkäse und Haselnussbutter

FÜR 2 PERSONEN

FÜR DIE KNÖDEL

200 g **Knödelbrot**

20 g **Butter**

½ **Zwiebel** (60 g), geschält und in feine Würfel geschnitten

½ **Knoblauchzehe** (2 g), geschält und fein gehackt

100 ml **Milch**

200 g **Blattspinat,** gewaschen und geputzt

Salz

3 Bio-**Landeier** (L)

50 g aromatischer **Bergkäse,** fein gerieben

schwarzer **Pfeffer** aus der Mühle

Muskatnuss, frisch gerieben

FÜR DIE HASELNUSSBUTTER

20 g **Butter**

20 g **Haselnussblättchen,** geröstet

Salz

Das **Knödelbrot** in eine Schüssel geben.

Die **Butter** in einer kleinen Pfanne erhitzen, **Zwiebelwürfel** und **Knoblauch** einstreuen und bei mittlerer Hitze 3 Minuten glasig anschwitzen. Dann mit der **Milch** ablöschen, einmal aufkochen lassen und gleichmäßig über das Knödelbrot gießen. Beiseitestellen.

Den **Spinat** in einen Topf mit reichlich kochendem **Salzwasser** geben und ½ Minute blanchieren. In ein Sieb abgießen und mit kaltem Wasser abschrecken, gut abtropfen lassen und zusätzlich mit den Händen die letzte Flüssigkeit ausdrücken. Den Spinat auf dem Schneidebrett grob hacken, mit den **Eiern** in einen Messbecher geben und mit dem Stabmixer fein pürieren. Den **Bergkäse** hinzugeben und mit 2 guten Prisen Salz, etwas **Pfeffer** und **Muskatnuss** würzen.

Die Spinatmasse zum eingeweichten Knödelbrot gießen. Alles gut miteinander verrühren und 10 Minuten quellen lassen. Die Knödelmasse nochmals mit Salz, Pfeffer und Muskatnuss kräftig abschmecken und mit angefeuchteten Händen zu acht gleich großen Knödeln (à 80 g) formen.

Reichlich Wasser in einen Topf geben, kräftig salzen und zum Kochen bringen. Die Spinatknödel einlegen und aufkochen lassen. Sobald die Knödel an der Oberfläche schwimmen, die Temperatur reduzieren und bei schwacher Hitze etwa 20 Minuten ziehen lassen.

Kurz vor dem Servieren die **Butter** in einer Pfanne aufschäumen lassen, die **Haselnussblättchen** einstreuen und 1 Prise **Salz** dazugeben. Die heißen Knödel mit einer Schaumkelle aus dem Wasser heben, kurz abtropfen lassen und in die Pfanne geben. Bei mittlerer Hitze 2 Minuten darin schwenken.

Die Spinatknödel mit der Haselnussbutter auf vorgewärmten Tellern anrichten und ganz pur oder zum Beispiel mit einem rahmigen Kohlrabigemüse servieren.

ÜBRIGENS ...

Dieses Rezept ist ein Kurzurlaub für die Sinne. Wenn man die Augen schließt, fühlt man sich bei jedem Bissen auf die Hütte in den Bergen versetzt.

Gebackener Kaisergranat mit Wasabimayonnaise

FÜR 2 PERSONEN

FÜR DIE WASABIMAYONNAISE

1 Bio-**Landei** (L)

10 g mittelscharfer **Senf**

Salz

schwarzer **Pfeffer** aus der Mühle

80 g **Sonnenblumenöl**

1 Msp. **Wasabi** aus der Tube

FÜR DEN TEIG

20 g **Stärke**

20 g **Reismehl**

Salz

1 kg **Frittierfett**

ZUM ANRICHTEN

1 Stück **Eisbergsalat** (200 g), gewaschen, geputzt und in feine Streifen geschnitten

Saft von ¼ **Zitrone**

Salz

Zucker

1 TL **Sesamöl**

1 TL **Sonnenblumenöl**

8–10 **Kaisergranatschwänze** oder Garnelen, küchenfertig, ausgelöst, Darm entfernt (à 20 g)

KÜCHENHELFER

Thermometer

Das **Ei** mit **Senf,** 2 Prisen **Salz** und etwas **Pfeffer** in einen hohen Becher geben und mit dem Stabmixer leicht anmixen. Nun das **Öl** nach und nach in dünnem Strahl dazugießen und dabei ständig mixen, bis eine feste, cremig glänzende Mayonnaise entsteht. Mit **Wasabi** verfeinern, nochmals gut durchrühren und wenn nötig nachwürzen.

Für den Teig die **Stärke** in einer Schüssel mit dem **Reismehl** mischen und mit 2 Prisen **Salz** würzen. Nach und nach mit dem Schneebesen 30 ml Wasser einrühren. Den glatten, glänzenden Teig 5 Minuten ruhen lassen.

Das **Frittierfett** in einem hohen Topf oder einer Fritteuse auf 160–170 °C erhitzen. Wer kein Thermometer zur Hand hat, hilft sich mit dem Stiel eines Holzkochlöffels: Einfach den Stiel gerade ins heiße Fett tauchen. Wenn kleine Bläschen aufsteigen, hat das Fett die optimale Temperatur.

Kurz vor dem Anrichten den **Eisbergsalat** in eine Schüssel geben, mit **Zitronensaft,** je 2 Prisen **Salz** und **Zucker** würzen, umrühren und mit **Sesam-** und **Sonnenblumenöl** verfeinern.

Den Teig noch einmal durchrühren. Die **Kaisergranate** von beiden Seiten mit 3–4 Prisen **Salz** würzen, in den Teig tauchen, mit einer Gabel herausheben und überschüssigen Teig abstreifen. Vorsichtig nacheinander ins heiße Fett gleiten lassen und darin 2 Minuten hell und knusprig ausbacken. Mit einer Schaumkelle herausheben, auf einem Küchenpapier abtropfen lassen und mit dem Salat und der Wasabimayonnaise servieren.

Gebackene Avocado mit Tempurateig und scharfem Tomaten-Minze-Relish

FÜR 2 PERSONEN

FÜR DIE GEBACKENE AVOCADO

40 g **Weizenmehl** (Type 405)
40 g **Stärke**
1 EL **Raps-** oder **Olivenöl**
Salz
1 kg **Frittierfett**
2 kleine feste **Avocados,** geschält, halbiert, entkernt und in 3 cm breite Segmente geschnitten
schwarzer **Pfeffer** aus der Mühle

FÜR DAS TOMATEN-MINZE-RELISH

150 g **Tomate,** gewaschen, vom Strunk befreit und in feine Würfel geschnitten
1 dünne **Frühlingszwiebel** (20 g), gewaschen, geputzt, in hauchfeine Würfel geschnitten
Salz
brauner **Zucker**
2 Stängel **Koriandergrün** (2 g), gewaschen, und samt Stielen fein geschnitten
5–6 **Minzeblätter,** fein geschnitten
1 Prise **Chiliflocken**
1 EL **Olivenöl**

KÜCHENHELFER

Holzspieße
Thermometer

Für den Teig das **Mehl** mit der **Stärke** in einer Schüssel mischen, dann 100 ml eiskaltes Wasser und das **Öl** mit einem Schneebesen nach und nach einrühren. Den Teig mit 2 guten Prisen **Salz** würzen und 10 Minuten ruhen lassen.

In der Zwischenzeit für das Relish die **Tomatenwürfel** mit der **Frühlingszwiebel** in eine Schüssel geben, mit je 2 Prisen **Salz** und **Zucker** würzen und gut durchrühren. Mit den **Kräutern** und den **Chiliflocken** verfeinern.

Das **Frittierfett** in einem hohen Topf oder einer Fritteuse auf 160–170 °C erhitzen. Wer kein Thermometer zur Hand hat, nimmt einen Holzkochlöffel zu Hilfe: Einfach den Stiel senkrecht ins heiße Fett tauchen. Wenn kleine Bläschen aufsteigen, hat das Fett die optimale Temperatur.

Die **Avocadospalten** einzeln auf die Holzspieße stecken, von beiden Seiten leicht salzen und sofort in den Teig tauchen, dann nacheinander im heißen Fett 4–5 Minuten hell und knusprig backen. Auf einem Küchenpapier abtropfen lassen und noch einmal leicht salzen und **pfeffern.**

Das Tomatenrelish nochmals abschmecken, erst jetzt das **Olivenöl** einrühren und das Relish zu den knusprigen Avocadospalten servieren.

ÜBRIGENS …

Das Backen verleiht der Avocado einen unglaublich dichten Geschmack – so hat man die Frucht noch nicht erlebt

Pochiertes Landei mit Kartoffelschnee und brauner Schnittlauchbutter

FÜR 2 PERSONEN

FÜR DEN KARTOFFELSTAMPF

500 g mehligkochende **Kartoffeln,** gewaschen, geschält und je nach Größe halbiert oder geviertelt

Salz

FÜR DIE POCHIERTEN EIER

100 ml **Weißweinessig** für den Sud plus einige Spritzer für die Eier

4 ganz frische Bio-**Landeier** (L)

ZUM ANRICHTEN

60 g **Butter**

½ Bund **Schnittlauch,** gewaschen und in feine Röllchen geschnitten

1 TL **Butterschmalz**

4 Scheiben **Kochschinken** (80 g)

Muskatnuss, frisch gerieben

Fleur de sel

KÜCHENHELFER

Kartoffelpresse

Die **Kartoffeln** in einen Topf mit reichlich Salzwasser geben, aufkochen lassen und 15–20 Minuten kochen, bis sie gar sind. Dann abgießen, nochmals zurück auf den Herd stellen und bei schwacher Hitze 2–3 Minuten ausdampfen lassen.

In der Zwischenzeit für die pochierten Eier 1 Liter Wasser aufkochen lassen und den **Weißweinessig** dazugießen.

Je 1 **Ei** mit einem Spritzer Essig in eine Tasse geben. Das Wasser mit dem Kochlöffelstiel aufwirbeln und die Eier nacheinander und vorsichtig in das Wasser gleiten lassen. Die Eier bei schwacher Hitze etwa 4 Minuten ziehen lassen. Dann vorsichtig aus dem Wasser heben und auf einem Tuch kurz abtropfen lassen.

Parallel dazu die **Butter** in einem kleinen Topf erhitzen. Bei schwacher Hitze so lange köcheln lassen, bis sie sich bräunlich verfärbt und nussig zu duften beginnt. Vom Herd nehmen und den **Schnittlauch** einstreuen.

Das **Butterschmalz** in einer Pfanne erhitzen und den gekochten **Schinken** darin von beiden Seiten je 1 Minute braten. Dann aus der Pfanne heben und auf einem Küchenpapier abtropfen lassen.

Die Kartoffeln nacheinander direkt auf vorgewärmte Teller pressen und ganz leicht mit **Muskatnuss** würzen.

Die pochierten Eier vorsichtig in der Schnittlauchbutter wenden und mit dem gekochten Schinken auf dem Kartoffelschnee anrichten. Mit der restlichen Butter beträufeln, mit 2 Prisen **Fleur de sel** würzen und servieren.

ÜBRIGENS …

Maximaler Genuss bei (fast) minimalem Aufwand! Ein Gericht fürs Herz.

Gekochter grüner Spargel mit Mandel-Orangen-Sauce

FÜR 2 PERSONEN

FÜR DIE MANDEL-ORANGEN-SAUCE

30 g **Mandeln,** gehobelt
100 ml **Milch**
2 Scheiben **Toastbrot**
2 Bio-**Landeigelb** (M)
50 ml **Olivenöl**
1 Msp. Abrieb von der Bio-**Orange**
Salz
schwarzer **Pfeffer** aus der Mühle

FÜR DEN SPARGEL

1 EL **Salz**
1 EL **Zucker**
2 Stücke **Orangenschale**
1 kg grüner **Spargel,** gewaschen, geputzt und im unteren Drittel geschält

Die **Mandeln** in einen Topf geben und darin ohne Fett bei mittlerer Hitze hell anrösten. Die **Milch** hinzugießen und einmal aufkochen lassen. Das **Toastbrot** grob zerkleinern, mit der Mandelmilch in einen Mixer geben und fein pürieren. Die **Eigelbe** zu der noch warmen Masse geben und langsam untermixen.

Das **Olivenöl** nach und nach in dünnem Strahl dazugießen, sodass eine sämige, mayonnaiseähnliche Masse entsteht. Mit dem Orangenabrieb verfeinern und mit 2 Prisen **Salz** und etwas **Pfeffer** würzen.

In einem großen Topf 2 l Wasser zum Kochen bringen. Mit **Salz** und **Zucker** würzen und die **Orangenschale** hinzugeben. Den **Spargel** in das aromatisierte Wasser legen, aufkochen lassen und je nach Dicke der Stangen bei schwacher Hitze 5–8 Minuten ziehen lassen.

Den Spargel aus dem Wasser heben und mit der Mandel-Orangen-Sauce servieren.

ÜBRIGENS ...
Den Spargel direkt nach dem Garen servieren. Wird er in Eiswasser abgeschreckt, verliert er an Aroma!

Eierspätzle mit Zwiebelschmelze, Haselnussbröseln und Bergkäse

FÜR 2 PERSONEN

FÜR DEN SPÄTZLETEIG

250 g **Spätzlemehl**

½ TL **Salz**

4 Bio-**Landeier** (M)

50 ml **Mineralwasser** mit Kohlensäure

Muskatnuss, frisch gerieben

FÜR DIE ZWIEBELSCHMELZE

1 EL **Butterschmalz** (20 g)

1 **Zwiebel** (150 g), geschält und in feine Ringe geschnitten

Salz

FÜR DIE HASELNUSSBRÖSEL

1 Scheibe **Toastbrot**

20 g **Butter**

20 g **Haselnussblättchen,** geröstet

10 g **Schnittlauch,** gewaschen und in feine Röllchen geschnitten

Salz

schwarzer **Pfeffer** aus der Mühle

ZUM ANRICHTEN

1 TL **Butterschmalz**

Salz

schwarzer **Pfeffer** aus der Mühle

Muskatnuss, frisch gerieben

50 g **Schlagsahne**

100 g **Bergkäse,** gerieben

KÜCHENHELFER

Küchenmaschine mit Knethaken

Spätzlehobel

Für den Spätzleteig alle Zutaten in die Schüssel der Küchenmaschine geben, und mit dem Knethaken zunächst langsam, dann auf mittlerer Stufe etwa 5 Minuten zu einem glatten, glänzenden zähflüssigen Teig verkneten.

Parallel dazu für die Zwiebelschmelze das **Butterschmalz** in einer Pfanne erhitzen, die **Zwiebelringe** darin verteilen und bei schwacher bis mittlerer Hitze etwa 10 Minuten zart braun braten. Dabei immer wieder mal umrühren und mit 2 Prisen **Salz** würzen.

Einen großen breiten Topf randvoll mit Wasser füllen. Das Wasser aufkochen lassen und kräftig salzen. Etwa ein Drittel des Teiges in den Spätzlehobel füllen, den Hobel auf den Topf auflegen und den Teig langsam und ohne Druck ins kochende Wasser hobeln.

Die Spätzle aufkochen lassen, mit einer großen Gabel durchwirbeln, damit sie nicht aneinanderkleben und 1–2 Minuten kochen lassen. Dann mit einer Schaumkelle oder einem Sieb aus dem Topf in eine Schüssel mit kaltem Wasser geben. Mit dem restlichen Spätzleteig ebenso verfahren.

Für die Haselnussbrösel das **Toastbrot** in einen hohen Messbecher zupfen und mit dem Stabmixer zu Bröseln zermahlen. Die Brösel in eine Pfanne geben und bei mittlerer Hitze ohne Fett etwa 3 Minuten rösten, dann die **Butter** und die **Haselnussblättchen** einstreuen und weitere 3 Minuten goldbraun rösten. Den **Schnittlauch** hinzugeben und mit 1 Prise **Salz** und **Pfeffer** würzen.

Die Spätzle in ein Sieb abgießen und gut abtropfen lassen. Das **Butterschmalz** in einer Pfanne erhitzen, die Spätzle hinzugeben und bei mittlerer Hitze etwa 3 Minuten anbraten. Mit **Salz, Pfeffer** und **Muskatnuss** würzen. Die **Sahne** dazugießen und die Spätzle kurz durchschwenken. Ganz zum Schluss die Zwiebelschmelze und den **Bergkäse** locker unterheben, alles mit den Haselnussbröseln bestreuen und servieren.

ÜBRIGENS …

Die extra 15 Minuten für die selbst gemachten Spätzle sind eine lohnenswerte Investition! Versprochen!

OFEN

Zeit, Langsamkeit, Muße

Der Ofen erlaubt eine große Vielfalt an Zubereitungsarten. Man kann mit unterschiedlichen Varianten wie Umluft, Oberhitze, Unterhitze und dem Grill arbeiten. Je nach Produkt wähle ich aus: Fisch oder Rindfleisch werden bei 80 °C schonend gegart, ein Kartoffelgratin oder Ente hingegen mit starker Hitze überbacken oder überkrustet.

Besonders stolz bin ich auf die Idee, Suppe aus dem Ofen zu servieren: Gemüse und Kräuter werden dabei nicht im Topf gekocht, sondern im Ofen geröstet. So kann die Flüssigkeit entweichen, der Geschmack wird konzentriert, und durch das Rösten ergibt sich ein noch tieferes Geschmacksbild. Eine Suppe aus dem Ofen ist unkompliziert und einfach zuzubereiten.

Zeit, Langsamkeit, Muße – dafür stehen in meinen Augen die Gerichte in diesem Kapitel. Die Achtsamkeit und Ruhe, die wir bei der Zubereitung im Ofen aufbringen, spüren wir auch beim Genießen der köstlichen Gerichte in diesem Kapitel.

Geröstete Ratatouille-Suppe mit Tomaten, Rosmarin und Thymian

FÜR 2–3 PERSONEN

FÜR DAS RATATOUILLEGEMÜSE

je ½ gelbe und rote **Paprikaschote** (insgesamt 320 g), gewaschen, geschält, entkernt und in 1 cm große Würfel geschnitten

120 g **Zucchini,** gewaschen und in 1 cm große Würfel geschnitten

100 g **Aubergine,** gewaschen, geputzt und in 1 cm große Würfel geschnitten

½ **Schalotte** (25 g), geschält und in feine Würfel geschnitten

2 dünne Scheiben **Knoblauch,** fein geschnitten

6–8 **Rosmarinnadeln,** gewaschen und fein gehackt

1–2 Zweige **Thymian,** gewaschen, Blätter abgezupft und fein gehackt

Fleur de sel

350 g **Tomaten,** gewaschen, vom Strunk befreit und quer halbiert

brauner **Zucker**

schwarzer **Pfeffer** aus der Mühle

100 ml heiße **Gemüsebrühe**

2 EL **Olivenöl**

FÜR DEN SUPPENANSATZ

100 ml heiße **Gemüsebrühe**

2 EL **Olivenöl**

Fleur de sel

1 Prise **Chiliflocken**

Den Backofen auf 180 °C (Umluft) vorheizen.

Paprika, Zucchini und **Aubergine** mit **Schalotte** und **Knoblauch** in einer ofenfesten Form verteilen, **Rosmarin** und **Thymian** dazugeben, mit 2 Prisen **Fleur de sel** würzen und gut durchmischen.

Die **Tomatenhälften** mit der Schnittfläche nach oben auf das Gemüse setzen. Jede Tomatenhälfte mit je 1 Prise **Zucker** und Fleur de sel sowie etwas **Pfeffer** würzen. Die heiße **Gemüsebrühe** angießen und alles mit **Olivenöl** beträufeln.

Die Backform mit einem Stück Alufolie abdecken und die Ränder dabei gut verschließen. In den Backofen (Mitte) stellen und etwa 35 Minuten garen.

Die Form mit dem weich geschmorten Gemüse aus dem Ofen nehmen. Für den Suppenansatz **Gemüsebrühe** und **Olivenöl** in einen hohen Messbecher geben. Die Tomatenhälften aus der Form ebenfalls in den Messbecher geben und mit dem Stabmixer fein pürieren. Durch ein Sieb in einen Topf passieren und aufkochen lassen. Das Gemüse aus der Form dazugeben, behutsam umrühren und mit **Fleur de sel** und **Chiliflocken** pikant abschmecken.

Die heiße Suppe in vorgewärmten Tellern oder Schalen anrichten und ganz pur oder mit frischem Weißbrot genießen.

ÜBRIGENS …

Das Rezept für diese Suppe ist entstanden, weil ich im Grunde meines Herzens ein bequemer Mensch bin. Einfacher geht's kaum.

Ofenkürbissuppe mit Kurkuma und Zimt

FÜR 2–3 PERSONEN

FÜR DEN OFENKÜRBIS

400 g **Hokkaidokürbis,** geputzt, entkernt und mit Schale in etwa 1 cm breite Stücke geschnitten

Fleur de sel

2 Prisen gemahlener **Zimt**

3–4 Prisen gemahlene **Kurkuma**

schwarzer **Pfeffer** aus der Mühle

2 EL **Olivenöl**

FÜR DEN SUPPENANSATZ

1 TL **Butter**

½ **Zwiebel** (50 g), geschält und in feine Würfel geschnitten

1 TL brauner **Zucker**

50 ml trockener **Weißwein**

450 ml **Gemüsebrühe**

120 g **Schlagsahne**

Salz

Muskatnuss, frisch gerieben

schwarzer **Pfeffer** aus der Mühle

ZUM ANRICHTEN

Kürbiskernöl zum Beträufeln

30 g **Kürbiskerne,** in einer Pfanne ohne Fett goldbraun geröstet

Den Backofen auf 180 °C (Umluft) vorheizen.

Ein Backblech mit Backpapier belegen. Die **Kürbisstücke** auf das Blech geben, mit 3 Prisen **Fleur de sel, Zimt, Kurkuma** und **Pfeffer** würzen, mit **Olivenöl** beträufeln, gut durchmischen und gleichmäßig auf dem Blech verteilen. Das Blech mit dem Kürbis in den Backofen (Mitte) schieben und etwa 40 Minuten goldbraun backen, dabei das Gemüse nach der Hälfte der Garzeit einmal wenden.

Kurz vor Ende der Garzeit für den Suppenansatz die **Butter** in einem Topf aufschäumen lassen, die **Zwiebelwürfel** darin bei mittlerer Hitze 2 Minuten anschwitzen, mit **Zucker** bestreuen und hell karamellisieren.

Die Kürbisstücke aus dem Ofen dazugeben, 1 Minute im Karamell anbraten, mit dem **Weißwein** ablöschen und die Flüssigkeit einkochen lassen. Die **Gemüsebrühe** dazugießen und aufkochen lassen.

Die Kürbisstücke in der Brühe mit dem Stabmixer fein pürieren, dann die **Sahne** hinzugießen, zum Kochen bringen und 2–3 Minuten bei schwacher Hitze köcheln lassen. Mit **Salz, Muskatnuss** und **Pfeffer** abschmecken.

Die heiße Suppe in vorgewärmten Tellern oder Schalen anrichten, mit etwas **Kürbiskernöl** beträufeln, mit den **Kürbiskernen** bestreuen und servieren.

ÜBRIGENS …

Wenn sie aus dem Ofen kommt, wird aus der Kürbissuppe, die man heute überall bekommt, ein völlig neues Geschmackserlebnis!

Schmorkartoffelsuppe mit Lauchbutter und Majoran

FÜR 2–3 PERSONEN

FÜR DIE KARTOFFELSUPPE

500 g mehligkochende **Kartoffeln,** gewaschen, geschält und in 1 cm große Würfel geschnitten

½ **Karotte** (60 g), geschält und in 1 cm große Würfel geschnitten

1 Stück **Knollensellerie** (60 g), geschält und in 1 cm große Würfel geschnitten

1 Stück **Petersilienwurzel** (30 g), geschält und in 1 cm große Würfel geschnitten

½ **Schalotte** (20 g), geschält und in feine Würfel geschnitten

Salz

600 ml heiße **Gemüse-** oder **Rinderbrühe** oder Wasser

1 **Lorbeerblatt**

20 g **Butter**

schwarzer **Pfeffer** aus der Mühle

Muskatnuss, frisch gerieben

FÜR DIE LAUCHBUTTER

20 g **Butter**

1 Stück **Lauch** (40 g), gewaschen und in kleine Stücke geschnitten

Fleur de sel

2 Prisen **Kümmel,** ganz oder gemahlen

2 Prisen getrockneter **Majoran**

schwarzer **Pfeffer** aus der Mühle

3–4 Stängel glatte **Petersilie** (10 g), gewaschen, Stiele fein geschnitten, Blätter grob gehackt

Den Backofen auf 170 °C (Umluft) vorheizen.

Die **Kartoffeln** mit **Karotte, Sellerie, Petersilienwurzel** und **Schalotte** in einen ofenfesten Topf geben, mit 3 Prisen **Salz** würzen, gut durchrühren und 5 Minuten ziehen lassen.

Die heiße **Brühe** in den Topf mit dem Gemüse geben, das **Lorbeerblatt** einlegen, den Topf mit einem Deckel abdecken, in den vorgeheizten Backofen (Mitte) stellen und das Gemüse 50 Minuten schmoren.

Für die Lauchbutter kurz vor dem Servieren die **Butter** in einer kleinen Pfanne aufschäumen lassen. Den **Lauch** hinzugeben, mit 1 Prise **Fleur de sel** würzen und bei mittlerer Hitze 3–4 Minuten dünsten. Mit **Kümmel, Majoran, Pfeffer** und **Petersilie** verfeinern.

Die fertige Suppe aus dem Ofen nehmen und das Lorbeerblatt entfernen. Die **Butter** dazugeben und mit dem Stabmixer leicht anmixen.

Die cremige, stückige Suppe jetzt noch mit **Salz, Pfeffer** und **Muskatnuss** abschmecken, mit der Lauchbutter anrichten und servieren.

Schmortomatensuppe mit Basilikum-Knoblauch-Öl

FÜR 2–3 PERSONEN

FÜR DIE SCHMORTOMATEN

800 g reife **Tomaten,** gewaschen, vom Strunk befreit und quer halbiert

brauner **Zucker**

Fleur de sel

1 **Knoblauchzehe,** in der Schale angedrückt

1 Zweig **Thymian,** gewaschen

2 EL **Olivenöl**

300 ml **Gemüsebrühe**

schwarzer **Pfeffer** aus der Mühle

1 Prise **Cayennepfeffer**

FÜR DAS BASILIKUM-KNOBLAUCH-ÖL

8–10 **Basilikumblätter** (3 g)

3 EL **Olivenöl**

Salz

Den Backofen auf 160 °C (Umluft) vorheizen.

Ein Backblech mit Backpapier belegen, die **Tomaten** mit der Schnittfläche nach oben darauf verteilen und mit je 3 Prisen **Zucker** und **Fleur de sel** würzen. **Knoblauch** und **Thymian** dazwischenlegen, die Tomaten mit **Olivenöl** beträufeln und im Backofen (Mitte) etwa 30 Minuten garen.

Das Blech mit den Tomaten aus dem Ofen nehmen und den Thymian entfernen. Den Knoblauch aus der Schale lösen, in einen hohen Becher geben und beiseitestellen.

Die Tomatenhälften zusammen mit dem Saft, der sich gebildet hat, vom Backpapier in eine Schüssel geben und mit dem Stabmixer fein pürieren, dann durch ein grobmaschiges Sieb in einen Topf passieren. Die **Gemüsebrühe** dazugießen und aufkochen lassen. Je nach Konsistenz noch ein paar Minuten sämig einkochen lassen und mit Zucker, Fleur de sel, **Pfeffer** und **Cayennepfeffer** pikant abschmecken.

Basilikumblätter und **Olivenöl** zum Knoblauch in den Becher geben, alles mit dem Stabmixer fein pürieren und ganz leicht salzen.

Die Tomatensuppe auf vorgewärmte Teller verteilen, mit dem Basilikum-Knoblauch-Öl beträufeln und zum Beispiel mit frischem Weißbrot oder Olivenciabatta servieren.

ÜBRIGENS ...
Ich bin kein Freund von Superlativen. Aber hier gilt: die beste Tomatensuppe der Welt!

Cremige Auberginensuppe mit Gewürzbrot, Feta und frischer Minze

FÜR 2–3 PERSONEN

FÜR DIE AUBERGINEN AUS DEM OFEN

1 **Aubergine** (250 g), gewaschen, der Länge nach halbiert und das Fruchtfleisch rautenförmig eingeschnitten

Salz

½ **Zwiebel** (60 g), geschält und in feine Streifen geschnitten

1 Scheibe **Landbrot mit Gewürzen** (40 g), in Würfel geschnitten oder gezupft

2 dünne Scheiben **Knoblauch**

1–2 Zweige **Thymian,** gewaschen

400 ml heiße **Gemüsebrühe**

FÜR DEN SUPPENANSATZ

300 ml **Gemüsebrühe**

4 EL **Olivenöl**

Salz

schwarzer **Pfeffer** aus der Mühle

ZUM ANRICHTEN

50 g **Feta,** mit den Fingern grob zerbröselt

1 kleiner Stängel glatte **Petersilie,** gewaschen und samt Stiel fein geschnitten

3 **Minzeblätter,** gewaschen und fein geschnitten

1 EL **Olivenöl**

Den Backofen auf 180 °C (Umluft) vorheizen.

Die Schnittflächen der **Aubergine** mit 2–3 Prisen **Salz** würzen, dabei das Salz etwas einreiben. **Zwiebelstreifen, Landbrot, Knoblauch** und **Thymian** in einer ofenfesten Form verteilen, die Auberginenhälften mit der Schnittfläche nach unten darauflegen und mit der heißen **Gemüsebrühe** aufgießen. Mit einem Stück Alufolie abdecken und die Ränder dabei gut verschließen.

Die Aubergine im Backofen (Mitte) etwa 45 Minuten garen.

Die Form aus dem Ofen nehmen, die Auberginenhälften auf ein Brett oder einen Teller heben und das Fruchtfleisch mit einem Löffel auslösen. Die Auberginenschale entfernen. Den Thymian aus der Form entfernen.

Für den Suppenansatz die **Gemüsebrühe** in einen Topf gießen. Die restlichen Zutaten aus der Form und das Auberginenfruchtfleisch hinzugeben. Alles aufkochen lassen und mit dem Stabmixer fein pürieren. Zum Schluss das **Olivenöl** untermixen und mit **Salz** und **Pfeffer** abschmecken.

Die **Fetabrösel** mit den **Kräutern** und dem **Olivenöl** in einer Schüssel mischen.

Die heiße Suppe in vorgewärmten Tellern oder Schalen anrichten, mit dem Kräuter-Feta garnieren und zum Beispiel mit Fladenbrot genießen.

ÜBRIGENS ...

Die Küche der Levante, hier in fein abgestimmter, neumodisch-aromatischer Variante!

Lachstranchen mit Zitrone und grünen Anisbröseln

FÜR 2 PERSONEN

FÜR DIE LACHSTRANCHEN
5 g weiche **Butter**
Abrieb von ½ Bio-**Zitrone**
400 g frisches **Lachsfilet** ohne Haut, vom Mittelstück, küchenfertig, in etwa 2 cm dicke Tranchen geschnitten
Salz

FÜR DIE KRÄUTERBRÖSEL
1 EL **Olivenöl**
20 g **Pankobrösel** oder Semmelbrösel
2 Prisen **Anissamen**
Salz
schwarzer **Pfeffer** aus der Mühle
20 g frische **Kräuter (Kerbel, Petersilie** und **Dill),** gewaschen, Blätter abgezupft und fein gehackt

Den Backofen auf 80 °C (Umluft) vorheizen.

Die **Butter** auf einen flachen Teller streichen und die Hälfte des **Zitronenabriebs** darüberstreuen.

Die **Lachstranchen** ringsherum mit 4 Prisen **Salz** würzen. Nebeneinander auf den Teller legen und mit dem restlichen Zitronenabrieb bestreuen. Den Teller vollständig und fest mit Frischhaltefolie überziehen.

Den Teller mit dem Fisch in den vorgeheizten Backofen (Mitte) stellen. Den Lachs 15–20 Minuten garen, bis er durch und durch glasig ist. Treten weiße Eiweißflocken aus, ist der Fisch zu lange gegart.

Inzwischen das **Olivenöl** in einer Pfanne erhitzen und die **Pankobrösel** darin bei mittlerer Hitze 3 Minuten goldbraun rösten. Nach etwa 2 Minuten die **Anissamen** einstreuen.

Die Brösel aus der Pfanne auf einen flachen Teller geben, mit 1 Prise **Salz** und etwas **Pfeffer** würzen. Erst kurz vor dem Servieren die Kräuter untermischen.

Den gegarten Fisch aus dem Ofen nehmen und ringsherum in den grünen Bröseln wenden. Die Lachstranchen zum Beispiel mit einem Feldsalat servieren.

ÜBRIGENS …
Diese Zubereitung aus der Spitzengastronomie sorgt für einen perfekt gegarten Lachs!

Rosa gebratenes Roastbeef »satt« mit roten Essigzwiebeln

FÜR 2 PERSONEN

FÜR DAS ROASTBEEF

- 6–8 Stängel glatte **Petersilie** (20 g), gewaschen und samt Stielen grob gehackt
- 6–8 Zweige **Thymian** (4 g), gewaschen
- 2–3 Zweige **Rosmarin** (4 g), gewaschen und grob zerkleinert
- 1 **Knoblauchzehe** (3 g), geschält und in Scheiben geschnitten
- 450–500 g **Roastbeef** am Stück, von eventuellen Sehnen befreit
- **Salz**
- schwarzer **Pfeffer** aus der Mühle
- 2 TL mittelscharfer **Senf**
- 1 EL **Olivenöl**
- 1 EL **Butter**
- **Fleur de sel**

FÜR DIE ESSIGZWIEBELN

- 1 rote **Zwiebel** (120 g), geschält, geviertelt und in feine Streifen geschnitten
- **Salz**
- 1 EL **Olivenöl**
- ½ TL brauner **Zucker**
- 2 EL trockener **Rotwein**
- 1 EL alter **Aceto balsamico**
- schwarzer **Pfeffer** aus der Mühle

KÜCHENHELFER

Bratenthermometer

Den Backofen auf 80 °C (Umluft) vorheizen.

Zwei lange Stücke Frischhaltefolie (etwa dreimal so lang wie das Fleisch) übereinanderlegen. Die Hälfte der **Kräuter** und des **Knoblauchs** als kleines Kräuterbett in der Mitte platzieren.

Das **Roastbeef** ringsherum mit 5–6 Prisen **Salz** und etwas **Pfeffer** würzen, dabei gut einmassieren. Eine Seite und die Ränder des Roastbeefs mit 1 TL **Senf** einstreichen.

Das **Olivenöl** in einer Pfanne erhitzen, das Fleisch mit der Senfseite nach unten in die Pfanne legen und bei mittlerer Hitze 2 Minuten anbraten. Erst jetzt die zweite Seite mit dem restlichen Senf (1 TL) einstreichen, das Roastbeef wenden und weitere 2 Minuten braten. Dann das Fleisch erst auf die eine, dann auf die andere Seite stellen und insgesamt noch 1 Minute braten. Das Roastbeef aus der Pfanne heben und auf das vorbereitete Kräuterbett legen. Mit den restlichen Kräutern und dem verbliebenen Knoblauch belegen und mit der Frischhaltefolie gut einwickeln. Das Bratenthermometer von vorne her der Länge nach in das Fleisch stecken.

Das eingewickelte Fleisch in eine große ofenfeste Form legen und im Ofen (Mitte) 35–40 Minuten rosa braten. Die Kerntemperatur sollte dann 58–60 °C betragen.

In der Zwischenzeit die **Zwiebelstreifen** in eine kleine Schüssel geben, mit 2 Prisen **Salz** würzen und 10 Minuten ziehen lassen.

Das **Olivenöl** in einer Pfanne erhitzen und die Zwiebelstreifen darin bei mittlerer Hitze 2–3 Minuten anschwitzen, mit dem **Zucker** bestreuen und 1 Minute karamellisieren. Dann mit **Rotwein** und **Essig** ablöschen und 1 Minute einkochen lassen. Zum Schluss mit **Pfeffer** würzen und zur Seite stellen.

Das rosa gebratene Roastbeef aus dem Ofen nehmen, das Bratenthermometer entfernen, das Fleisch auswickeln und die Kräuter abstreifen.

Die **Butter** in einer Pfanne aufschäumen lassen, die Kräuter vom Fleisch zum Aromatisieren einlegen, etwas zur Seite schieben und das Roastbeef in der aufgeschäumten Butter von jeder Seite 1 Minute nachbraten.

Das Roastbeef aus der Pfanne heben und aufschneiden. Mit **Fleur de sel** und **Pfeffer** würzen, mit den Zwiebelstreifen anrichten und einfach nur mit Bauernbrot und scharfem Senf servieren.

Doradenfilet mit Avocado-Chili-Stampf

FÜR 2 PERSONEN

FÜR DIE DORADENFILETS
- 10 g weiche **Butter**
- Saft von ¼ **Zitrone**
- **Fleur de sel**
- 2 **Doradenfilets** mit Haut, küchenfertig

FÜR DEN AVOCADO-CHILI-STAMPF
- 1 große **Avocado** (300 g), geschält, entkernt und in grobe Stücke geschnitten
- Saft von ¼ **Zitrone**
- **Fleur de sel**
- 2 Prisen **Chiliflocken**

ZUM ANRICHTEN
- 4 Scheiben **Toastbrot,** getoastet
- **Olivenöl** zum Beträufeln
- schwarzer **Pfeffer** aus der Mühle

Den Backofen auf 80 °C (Umluft) vorheizen.

Die **Butter** auf einen flachen Teller streichen. Mit dem **Zitronensaft** und 2 Prisen **Fleur de sel** würzen. Die **Fischfilets** mit der Hautseite nach oben auf den vorbereiteten Teller legen und den Teller vollständig und fest mit Frischhaltefolie überziehen.

Die **Avocadostücke** in eine ofenfeste Form legen, sofort mit **Zitronensaft** beträufeln. Mit 3 Prisen **Fleur de sel** würzen und einmal umrühren.

Den Teller mit den Doradenfilets und die Form mit den Avocadostücken in den vorgeheizten Ofen (Mitte) stellen und darin 15–18 Minuten garen. Der Fisch ist fertig, wenn er glasig ist und die Haut sich ganz leicht abziehen lässt.

Dorade und Avocado aus dem Ofen nehmen. Die Folie abziehen. Die Fischhaut vorsichtig abziehen, eventuell tranige dunkle Stellen auf den Filets mit einem Löffel abschaben.

Die Avocadostücke mit einer Gabel zerdrücken und mit **Chili** abschmecken.

Den Fisch mit dem Avocadostampf auf dem **Toastbrot** anrichten. Mit **Olivenöl** beträufeln, mit **Pfeffer** übermahlen und servieren.

ÜBRIGENS ...
Das hier ist Urlaubsküche pur. Ein modernes Essen, schonend gegart, aber mit intensivem Geschmack.

Lauwarme Ofentomaten mit Parmaschinken und Rucola

FÜR 2 PERSONEN

FÜR DIE OFENTOMATEN

2 reife **Tomaten,** z. B. Ochsenherztomaten (à 200 g), gewaschen, vom Strunk befreit und in dünne Scheiben geschnitten

Fleur de sel

brauner **Zucker**

FÜR DEN PARMASCHINKEN

80 g **Parmaschinken,** hauchdünn geschnitten

2 EL **Olivenöl**

FÜR DEN RUCOLASALAT

40 g **Rucola,** gewaschen, geputzt und gut abgetropft

1 EL **Weißweinessig**

Salz

brauner **Zucker**

1 EL **Olivenöl**

schwarzer **Pfeffer** aus der Mühle

ZUM ANRICHTEN

40 g **Parmesan** oder Pecorino, dünn gehobelt

Den Backofen auf 80 °C (Umluft) vorheizen.

Die **Tomatenscheiben** gleichmäßig auf zwei großen Tellern verteilen. Jeweils mit 2 Prisen **Fleur de sel** und 2 Prisen **Zucker** würzen. Die Teller in den Backofen (Mitte) stellen und die Tomaten 10–12 Minuten erhitzen, bis sie lauwarm sind.

Den **Parmaschinken** mit dem **Olivenöl** in eine kalte Pfanne geben, erhitzen und bei schwacher Hitze etwa 3 Minuten braten, dann wenden und weitere 2 Minuten knusprig braten. Den Schinken aus der Pfanne heben und auf einem Küchenpapier etwas abtropfen lassen.

Für den Salat den **Rucola** mit **Essig,** 2 Prisen **Salz** und 1 Prise **Zucker** mischen, mit **Olivenöl** verfeinern und mit **Pfeffer** abschmecken.

Die Tomaten aus dem Ofen nehmen, mit dem heißen Bratfett beträufeln. Dann mit Rucolasalat und **Parmesan** garnieren und mit dem Parmaschinken servieren. Dazu passt zum Beispiel frisches Baguette.

ÜBRIGENS …

Erwärmte Tomaten schmecken um einiges besser als kalte! Bitte unbedingt ausprobieren!

Kalbsmedaillons mit Trüffeln im Pergamentpäckchen und Selleriesalat

FÜR 2 PERSONEN

FÜR DIE PERGAMENT-PÄCKCHEN

1 EL **Olivenöl**

4 Stück **Kalbsfiletmedaillons** (à 100 g), aus der Filetmitte geschnitten

Salz

schwarzer **Pfeffer** aus der Mühle

30 g **Butter**

2 Zweige **Thymian,** gewaschen

10–15 g **schwarzer Trüffel,** in feine Scheiben gehobelt

20 g **Salami,** in hauchfeine Würfel geschnitten

FÜR DEN SELLERIESALAT

300 g **Knollensellerie,** gewaschen, geschält und in 2–3 mm dicke und etwa 1,5 cm große Stücke geschnitten

Salz

2 EL **Apfelessig**

brauner Zucker

schwarzer **Pfeffer** aus der Mühle

2 EL **Rapsöl**

3–4 Stängel glatte **Petersilie** (10 g), gewaschen, grob gehackt

KÜCHENHELFER

Trüffelhobel oder ganz feine Küchenreibe

Den Backofen auf 80 °C (Umluft) vorheizen.

Das **Olivenöl** in einer Pfanne erhitzen. Die **Kalbsmedaillons** von beiden Seiten mit je 1 Prise **Salz** und etwas **Pfeffer** würzen, in die Pfanne legen und bei mittlerer Hitze darin 1 Minute anbraten. Dann wenden und nochmals 1 Minute braten.

Zwei große Stücke Back- oder Pergamentpapier ausbreiten und die unteren Hälften mit je 5 g **Butter** bestreichen. Je zwei Kalbsfiletstücke darauf setzen, mit **Thymian, Trüffel** und **Salami** belegen. Das Papier über die Fleischstücke schlagen, die Ränder gut verschließen und die Päckchen in eine ofenfeste Form setzen. Die Kalbsmedaillons im Ofen (Mitte) etwa 30 Minuten rosa garen.

In der Zwischenzeit den **Sellerie** in einen Topf mit kochendem **Salzwasser** geben und 5–6 Minuten weich, aber doch mit leichtem Biss garen. Aus dem Wasser heben, in eine Schüssel geben und sofort mit **Apfelessig,** je 2 Prisen **Zucker** und Salz sowie etwas **Pfeffer** abschmecken. Dann das **Rapsöl** hinzufügen, die **Petersilie** darüberstreuen und vermischen.

Die restliche **Butter** (20 g) in einer Pfanne erhitzen. Die Päckchen mit den Medaillons aus dem Ofen nehmen und öffnen, das Fleisch in die heiße Butter legen und ringsherum 1 Minute scharf anbraten. Den Bratensaft aus dem Päckchen samt Salami und Trüffel in die Pfanne geben, durchschwenken und die Pfanne vom Herd ziehen.

Das Fleisch mit der aromatischen Butter und dem Selleriesalat anrichten, nochmals mit Pfeffer übermahlen und servieren.

ÜBRIGENS …

Ein Spartipp für den Trüffeleinkauf: Im Internet gibt es Anbieter von schockgefrosteten französischen Schwarzen Winterträffeln (Tuber). Sie kosten nur die Hälfte und sind fast so intensiv wie die Frischware.

Paprikabutterhähnchen mit Endiviensalat und Parmesandressing

FÜR 2 PERSONEN

FÜR DAS PAPRIKAHÄHNCHEN

- ¼ rote **Paprikaschote** (90 g), geschält, entkernt und in grobe Stücke geschnitten
- 20 g weiche **Butter**
- 2 gehäufte Msp. **Paprikapulver** edelsüß
- ½ **Knoblauchzehe** (1 g), geschält
- **Salz**
- 1 Prise **Chiliflocken**
- 1 EL **Olivenöl**
- 2 **Hähnchenbrüste** ohne Haut (à 200 g), von eventuellen Sehnen befreit
- schwarzer **Pfeffer** aus der Mühle

FÜR DEN SALAT MIT PARMESANDRESSING

- 1 Bio-**Landei** (M)
- 2 EL **Weißweinessig**
- 1 TL mittelscharfer **Senf**
- 2–3 in Öl eingelegte **Sardellenfilets** (5 g), grob zerzupft
- brauner **Zucker**
- 2 EL **Olivenöl**
- 30 g **Parmesan,** fein gerieben
- **Salz**
- schwarzer **Pfeffer** aus der Mühle
- 150 g **Endiviensalat,** gewaschen, geputzt und in feine Streifen geschnitten

Den Backofen auf 80 °C (Umluft) vorheizen.

Die **Paprika** mit **Butter, Paprikapulver** und **Knoblauch** in einen Messbecher geben und mit dem Stabmixer fein pürieren. Mit 1 Prise **Salz** und den **Chiliflocken** abschmecken. Die Masse sieht zunächst aus, als wäre sie geronnen, aber keine Sorge: Wenn später die heiße Hähnchenbrust aufgelegt wird, emulgiert die Butter sofort.

Das **Olivenöl** in einer Pfanne erhitzen. Jede **Hähnchenbrust** ringsum mit 2–3 Prisen **Salz** und etwas **Pfeffer** würzen. Die Hähnchenbrüste in die Pfanne legen und darin bei mittlerer Hitze 3 Minuten anbraten, dann wenden und weitere 2 Minuten braten.

Zwei große Stücke Frischhaltefolie doppelt legen. Je ein Viertel der Paprikabutter so darauf verteilen, dass eine Hähnchenbrust auf die Fläche passt. Die Hähnchenbrüste daraufsetzen, mit der restlichen Paprikabutter bestreichen, fest in die Frischhaltefolie wickeln und in eine ofenfeste Form setzen.

Die Hähnchenbrüste im vorgeheizten Backofen (Mitte) 45–50 Minuten garen.

Inzwischen für das Dressing das **Ei** in kochendem Wasser 6 Minuten garen, dann mit kaltem Wasser abschrecken und schälen. Das Ei mit **Essig, Senf, Sardellen,** 1 Prise **Zucker** und dem **Olivenöl** in einen hohen Messbecher geben und mit dem Stabmixer fein pürieren. Nun den **Parmesan** einrühren und erst jetzt mit 2 Prisen **Salz** und etwas **Pfeffer** abschmecken.

Die Hähnchenbrüste aus dem Ofen nehmen und auswickeln. Eine Pfanne ohne Fett erhitzen, die Hähnchenbrüste einlegen und von beiden Seiten 1–2 Minuten nachbraten, bis sie goldbraun sind. Die Paprikabutter aus der Folie dazugeben und kurz durchschwenken.

Den **Endiviensalat** mit dem Parmesandressing anmachen und mit der Hähnchenbrust servieren. Wer möchte, kann geröstetes Weißbrot dazu reichen.

ÜBRIGENS ...
O.k., doch noch ein Superlativ: das saftigste und gleichzeitig aromatischste Hähnchen der Welt!

»Ofengerichte entstehen mit viel Ruhe und Achtsamkeit.«

Winterliches Ofengemüse mit Rauchmandeldressing

FÜR 2 PERSONEN

FÜR DAS OFENGEMÜSE

- 4 Knollen **Rote Bete** (300 g), geschält, halbiert und in 1,5 cm breite Spalten geschnitten
- 20 g **Butterflocken**
- 1–2 Prisen **Kümmel,** ganz oder gemahlen
- **Fleur de sel**
- 2 **Petersilienwurzeln** (150 g), geschält und in fingerdicke, 8–10 cm lange Stücke geschnitten
- 2 kleine **Karotten** (150 g), geschält und in fingerdicke, 8–10 cm lange Stücke geschnitten
- 4 **Schalotten** (100 g), geschält und halbiert
- 2 EL **Olivenöl**

FÜR DAS RAUCHMANDELDRESSING

- 1 Bio-**Landeigelb** (M)
- 1 EL mittelscharfer **Senf** (20 g)
- 3 EL **Raps**- oder **Sonnenblumenöl**
- 1 EL **Arganöl**
- 1 EL **Apfelessig**
- 30 g **Rauchmandeln,** fein gehackt
- **brauner Zucker**
- **Salz**
- schwarzer **Pfeffer** aus der Mühle

Den Backofen auf 160 °C (Umluft) vorheizen und ein Backblech mit Backpapier belegen.

Die **Rote Bete** in eine ofenfeste Form geben und mit den **Butterflocken** belegen. Mit **Kümmel** und 2 Prisen **Fleur de sel** würzen und einmal durchmischen.

Petersilienwurzeln, Karotten und **Schalotten** getrennt voneinander auf das Backblech legen – so bleibt das einzelne Gemüse beim Garen pur im Geschmack. Mit **Olivenöl** beträufeln, mit 2–3 Prisen Fleur de sel bestreuen und jede Gemüsesorte durchmischen.

Das Blech mit dem Ofengemüse und die Form mit der Roten Bete in den vorgeheizten Backofen (Mitte) stellen und das Gemüse 1 Stunde backen. Dabei immer wieder mal wenden.

Kurz vor Ende der Garzeit für das Rauchmandeldressing das **Eigelb** mit **Senf** und beiden **Ölsorten** in einen hohen Becher geben und mit dem Stabmixer fein aufmixen. Den **Essig** und 2 EL kaltes Wasser einmixen. Die Hälfte der **Rauchmandeln** unterheben und das Dressing und mit je 2 Prisen **Zucker** und **Salz** sowie etwas **Pfeffer** abschmecken.

Das fertige Gemüse aus dem Ofen nehmen, mit den restlichen Rauchmandeln (15 g) bestreuen und mit dem Rauchmandeldressing servieren.

ÜBRIGENS ...

Das Dressing ist natürlich auch für den persönlichen Lieblingssalat verwendbar.

Blumenkohl im Ganzen gegart mit Ingwervinaigrette

FÜR 2 PERSONEN

FÜR DEN BLUMENKOHL

- 20 g **Butter**
- **Salz**
- 1 kleiner **Blumenkohl** (750 g), gewaschen, geputzt, der grobe untere Strunk abgeschnitten

FÜR DIE INGWERVINAIGRETTE

- 80 g eingelegter **Ingwer** (Glas; Asiamarkt), fein geschnitten
- 4 EL **Einlegesud** vom Ingwer (Glas)
- 4 EL **Reis-** oder **Weißweinessig**
- **Salz**
- 2 Msp. fein geriebenes **Zitronengras**
- 3 EL neutrales **Pflanzenöl**
- 1 TL geröstetes **Sesamöl**

ZUM ANRICHTEN

- etwas **Grüne Shiso-** oder **Daikon-Kresse,** abgeschnitten

Den Backofen auf 160 °C (Umluft) vorheizen.

Die **Butter** in einer kleinen Pfanne erhitzen und mit 2–3 Prisen **Salz** würzen.

Den **Blumenkohl** auf ein großes, doppelt gelegtes Stück Alufolie setzen und so damit umschließen, dass eine kleine Schale entsteht. Mit der Alufolie in eine passende ofenfeste Form setzen.

Den Blumenkohl ringsherum mit der flüssigen Salzbutter einpinseln und mit 250 ml heißem Salzwasser begießen.

Den Blumenkohl im Backofen (Mitte) etwa 1 Stunde 45 Minuten goldbraun garen, bis er weich ist, aber noch leicht Biss hat. Falls die Oberfläche zu dunkel werden sollte, mit einem Stück Alufolie abdecken.

Inzwischen für die Vinaigrette den klein geschnittenen **Ingwer** mit **Einlegesud** und **Essig** verrühren und mit 2 Prisen **Salz** würzen. Das **Zitronengras** dazugeben und dann die beiden **Öle** unterrühren.

Den Blumenkohl aus dem Ofen nehmen und aus der Folie auf eine Platte heben. Mit der Ingwervinaigrette beträufeln, mit der **Shisokresse** garnieren und servieren.

ÜBRIGENS ...

Im Gegensatz zu gekochtem Blumenkohl schmeckt die gebackene Variante weniger schwefelartig. Das intensive Aroma überzeugt einfach.

Einfach geschmortes Böfflamot mit viel Sauce

FÜR 2–3 PERSONEN

FÜR DAS BÖFFLAMOT

2 EL **Olivenöl**

700 g flache, gut abgehangene **Rinderschulter,** küchenfertig

Salz

schwarzer **Pfeffer** aus der Mühle

FÜR DEN SAUCENANSATZ

1 **Zwiebel** (120 g), geschält und in 1 cm große Würfel geschnitten

1 kleines Stück **Karotte** (60 g), geschält, in 1 cm große Würfel geschnitten

1 Stück **Knollensellerie** (100 g), geschält, in 1 cm große Würfel geschnitten

30 g **Tomatenmark**

brauner **Zucker**

300 ml kräftiger **Rotwein**

1 EL **Weizenmehl** (Type 405; 15 g)

500 ml gut gewürzte **Rinderbrühe** (am besten selbst gekocht)

Salz

schwarzer **Pfeffer** aus der Mühle

Den Backofen auf 160 °C (Umluft) vorheizen.

Das **Olivenöl** in einem Schmortopf erhitzen.

Die **Rinderschulter** von beiden Seiten mit 3–4 Prisen **Salz** und etwas **Pfeffer** würzen, dabei gut einmassieren. Das Fleisch in den Schmortopf legen, bei mittlerer Hitze 2 Minuten anbraten, wenden und weitere 3–4 Minuten anbraten. Die Rinderschulter aus dem Topf heben.

Für den Saucenansatz **Zwiebel**, **Karotte** und **Knollensellerie** in den Topf geben und 2 Minuten anbraten. Das **Tomatenmark** einrühren, mit 1 Prise **Zucker** bestreuen und bei mittlerer Hitze 1 Minute anrösten.

Mit einem guten Schuss **Rotwein** ablöschen und die Flüssigkeit vollständig einkochen lassen. Noch einmal ablöschen und wieder einkochen lassen. Dann den Saucenansatz mit dem **Mehl** bestäuben, gut umrühren und nochmals 1 Minute rösten. Erst jetzt den restlichen Rotwein und die **Rinderbrühe** dazugießen und alles aufkochen lassen.

Die Rinderschulter in die Sauce legen, den Schmortopf abdecken und in den Backofen (Mitte) setzen. Das Fleisch in der Sauce etwa 2 Stunden schmoren, bis es zart ist, dabei öfter wenden.

Das fertige Fleisch aus der Sauce heben. Die Sauce mit dem Stabmixer fein pürieren – so bekommt sie durch das Schmorgemüse eine natürliche Bindung. Die Sauce nochmals aufkochen und je nach Konsistenz sämig einkochen lassen. Mit **Salz, Pfeffer** und 2–3 Prisen Zucker abschmecken.

Das Fleisch in fingerdicke Scheiben schneiden und zum Beispiel mit selbst gemachten Eierspätzle (siehe Seite 160) servieren.

ÜBRIGENS ...

Ein Sonntagsbraten für Herz, Seele und Leib.

Kaninchenkeulen mit Weißwein-Senf-Sauce, Kerbel und Ofenlauch

FÜR 2 PERSONEN

FÜR DEN OFENLAUCH

10 g **Butter**

250 g **Lauch** (möglichst nur das Weiße), geputzt, gewaschen und in 7 cm lange Stücke geschnitten

Salz

FÜR DIE KANINCHENKEULEN

2 EL **Olivenöl**

2 frische **Kaninchenkeulen** (à etwa 260 g)

Salz

schwarzer **Pfeffer** aus der Mühle

FÜR DEN SAUCENANSATZ

2 kleine **Schalotten** (40 g), geschält und in feine Würfel geschnitten

1 kleine **Knoblauchzehe** (2 g), geschält und fein geschnitten

80 g kleine weiße **Champignons**, geputzt und grob geschnitten

Salz

200 ml trockener **Weißwein**

300 ml **Hühner-** oder **Gemüsebrühe**

150 g **Schlagsahne**

2–3 Zweige **Thymian,** gewaschen

1 EL mittelscharfer **Senf** (10 g)

1 EL grobkörniger **Senf** (10 g)

einige Stängel **Kerbel** (4 g), gewaschen, Stiele fein gehackt, Blätter grob gehackt

schwarzer **Pfeffer** aus der Mühle

brauner **Zucker**

Den Backofen auf 160 °C (Umluft) vorheizen.

Eine kleine ofenfeste Form mit **Butter** ausstreichen, die **Lauchstücke** nebeneinander einlegen und mit 100 ml leicht **gesalzenem** Wasser begießen. Die Form mit Alufolie abdecken und die Ränder gut andrücken.

Das **Olivenöl** in einem Schmortopf erhitzen. Die **Kaninchenkeulen** von beiden Seiten mit 3–4 Prisen **Salz** und etwas **Pfeffer** würzen, dabei gut einmassieren. Das Fleisch in den Schmortopf legen, bei mittlerer Hitze 2 Minuten anbraten, wenden und weitere 2 Minuten anbraten, dann aus dem Topf heben.

Für den Saucenansatz die **Schalotten** und den **Knoblauch** in den Topf geben und bei mittlerer Hitze 1–2 Minuten anschwitzen. Nun die **Champignons** einlegen, mit 2 Prisen **Salz** würzen, umrühren, mit **Weißwein** ablöschen und aufkochen lassen. **Brühe** und 100 g **Sahne** hinzugeben und alles nochmals aufkochen lassen. Dann die Kaninchenkeulen und den **Thymian** einlegen und den Topf abdecken.

Den Schmortopf mit den Kaninchenkeulen und die Form mit dem Lauch nebeneinander in den Backofen (Mitte) schieben und knapp 1 Stunde garen. Dabei die Kaninchenkeulen immer wieder wenden.

Die weich geschmorten Kaninchenkeulen und den Lauch aus dem Ofen nehmen. Das Fleisch aus der Sauce heben, die Thymianzweige entfernen und die Sauce mit dem Stabmixer fein pürieren. Auf den Herd stellen und bei mittlerer Hitze etwa 5 Minuten sämig einkochen lassen. Die restliche **Sahne** (50 g) und die beiden **Senfsorten** dazugeben, aufkochen lassen und nochmals durchmixen. Die Kaninchenkeulen wieder einlegen.

Zum Schluss den **Kerbel** einstreuen und die Sauce mit **Salz, Pfeffer** und 2 Prisen **Zucker** abschmecken.

Die Kaninchenkeulen mit Lauch und Sauce auf vorgewärmten Tellern anrichten und zum Beispiel mit Reis oder Salzkartoffeln servieren.

ÜBRIGENS ...

Kaninchenfleisch ist wesentlich besser als sein Ruf. In dieser Variante eine Delikatesse!

Lammschulter im Ganzen gegart mit Natursaft

FÜR 3–4 PERSONEN

FÜR DIE AROMABUTTER

1 Stück Schale von der Bio-**Orange** (5 g), fein gehackt

2 g **Rosmarinnadeln,** gewaschen und fein gehackt

2–3 Prisen **Thymian,** fein gehackt

Fleur de sel

1 **Knoblauchzehe** (5 g), geschält und fein gehackt

1 EL **Butter**

FÜR DIE LAMMSCHULTER

2 kg **Lammschulter** mit Knochen, nur das Schulterblatt entfernt

Fleur de sel

2 EL **Olivenöl**

FÜR DEN NATURSAFT

100 g **Schalotten,** geschält und grob geschnitten

100 g **Tomaten,** gewaschen, vom Strunk befreit und grob geschnitten

2 große **Knoblauchzehen,** in der Schale halbiert

Salz

schwarzer **Pfeffer** aus der Mühle

KÜCHENHELFER

Küchengarn

Den Backofen auf 160 °C (Umluft) vorheizen.

Für die Aromabutter die **Orangenschale** mit **Rosmarin, Thymian,** 2 Prisen **Fleur de sel** und **Knoblauch** auf einem Arbeitsbrett mischen. Mit **Butter** belegen und mit einem breiten Messer kräftig durchhacken.

Die **Lammschulter** ringsherum mit 2–3 Prisen **Fleur de sel** würzen, dabei das Salz mit den Händen gut einmassieren.

Die Aromabutter in die Öffnung der Fleischseite streichen (dort, wo vorher das Schulterblatt war) und gut darin verteilen. Das Fleisch zusammenklappen, mit Küchengarn binden und so die Schulter wieder in Form bringen.

Das **Olivenöl** in einer Pfanne erhitzen, die Lammschulter einlegen, bei starker Hitze 1 Minute anbraten, wenden und ringsherum weitere 5–6 Minuten goldbraun anbraten. Die Schulter in einen passenden Bräter (30 x 22 cm) setzen, **Schalotten, Tomaten** und **Knoblauchzehen** darin verteilen und 400 ml Wasser angießen.

Den Bräter mit der Lammkeule in den vorgeheizten Backofen (Mitte) setzen und das Fleisch insgesamt 2 Stunden garen. Nach 1 Stunde die Lammschulter wenden und immer wieder mit dem Bratenfond übergießen. Die Schulter sollte nach der Garzeit ringsherum schön gebräunt sein. Um zu testen, ob die Lammschulter gar ist, mit einer dünnen Fleischgabel oder einem Holzspieß in die dickste Stelle stechen. Das Fleisch sollte schön weich und der austretende Fleischsaft klar sein.

Die Lammschulter aus dem Ofen nehmen und auf ein Brett geben.

Den Bratensaft durch ein feines Sieb in einen Topf gießen und die Schalotten und Tomaten dabei gut ausdrücken. Die Sauce aufkochen lassen und mit **Salz** und reichlich **Pfeffer** abschmecken.

Das Küchengarn entfernen, das Fleisch aufschneiden und mit dem Bratensaft servieren. Als Beilage eignen sich ein lauwarmer Paprikasalat und cremige Polenta.

Knusprige Entenkeule mit schneller Orangen-Zimt-Sauce

FÜR 2 PERSONEN

FÜR DIE ENTENKEULEN

2 **Entenkeulen** (à 400 g)

Salz

100 g **Schalotten,** geschält und in grobe Stücke geschnitten

1 TL **Pimentkörner**

2 **Lorbeerblätter**

FÜR DIE ORANGEN-ZIMT-SAUCE

150 ml **Orangensaft**

3–4 **Wacholderbeeren,** mit den Fingern angedrückt

½ TL **Stärke**

1 Msp. gemahlener **Zimt**

Salz

schwarzer **Pfeffer** aus der Mühle

Den Backofen auf 160 °C (Umluft) vorheizen.

Die **Entenkeulen** ringsherum mit je 3–4 Prisen **Salz** würzen, das Salz dabei mit den Händen gut einmassieren.

Die Entenkeulen mit der Fettseite nach unten in eine passende ofenfeste Form (30 x 18 cm) legen, **Schalotten, Piment** und **Lorbeerblätter** darin verteilen und 300 ml Wasser angießen.

Die Form in den vorgeheizten Backofen (Mitte) setzen. Die Entenkeulen knapp 2 Stunden garen, dabei nach 1 Stunde wenden (Fettseite zeigt jetzt nach oben). Um zu testen, ob die Entenkeulen gar sind, mit einer dünnen Fleischgabel oder einem Holzstab am Gelenk ins Fleisch stechen. Das Fleisch sollte schön weich und der austretende Fleischsaft klar sein.

Die Entenkeulen aus dem Bräter auf das Backofengitter heben, ein Backblech als Tropfschutz darunterschieben. Den Ofen auf Grillfunktion stellen und die Entenkeulen 8–10 Minuten goldbraun und knusprig übergrillen.

Parallel dazu die Sauce zubereiten. Dafür 50 ml vom Entenfond aus der Form durch ein feines Sieb in einen Topf gießen. Das Fett mit einem kleinen Schöpfer großzügig abschöpfen, in eine kleine Form geben, erkalten lassen und zum Beispiel als Brotaufstrich auf geröstetem Bauernbrot genießen.

Den Entenfond mit dem **Orangensaft** aufkochen lassen und die **Wacholderbeeren** einlegen. Die **Stärke** mit einem Schuss kaltem Wasser glatt rühren, in die kochende Sauce geben und die Sauce 2–3 Minuten sämig einkochen lassen. Zum Schluss mit **Zimt, Salz** und reichlich **Pfeffer** abschmecken, die Wacholderbeeren entfernen.

Die knusprige Ente mit der Orangen-Zimt-Sauce anrichten und beispielsweise mit Blaukrautsalat servieren.

ÜBRIGENS ...

Kleines Geheimnis: Entenkeulen sind viel besser, weil saftiger und aromatischer, als Entenbrust.

Cremiges Kartoffelgratin mit Speck, Parmesan und Bergkäse

FÜR 2 PERSONEN

FÜR DAS KARTOFFELGRATIN

1 TL **Butter**

1 **Schalotte** (30 g), geschält und in feine Würfel geschnitten

1 kleine **Knoblauchzehe** (4 g), geschält und in kleine Würfel geschnitten

800 g mehligkochende **Kartoffeln,** gewaschen, geschält und in etwa 3 mm dünne Scheiben geschnitten oder gehobelt

Salz

200 g **Schlagsahne** plus 2–3 EL zum Gratinieren

schwarzer **Pfeffer** aus der Mühle

Muskatnuss, frisch gerieben

4 Scheiben **Frühstücksspeck** (Bacon; 60 g), quer halbiert

30 g **Parmesan,** gerieben

50 g **Bergkäse,** gerieben

Den Backofen auf 200 °C (Ober- und Unterhitze) vorheizen.

Die **Butter** in einem kleinen Topf aufschäumen lassen und die **Schalottenwürfel** darin bei schwacher Hitze 2 Minuten glasig anschwitzen. Die **Knoblauchwürfel** dazugeben und kurz mitdünsten.

Die **Kartoffelscheiben** hinzufügen, mit 3–4 Prisen **Salz** würzen, umrühren, mit der **Sahne** aufgießen und aufkochen lassen. Mit **Pfeffer** und **Muskatnuss** abschmecken. Die cremigen Kartoffeln dann in eine ofenfeste Form (etwa 15 x 25 cm) schichten und glatt streichen.

Die **Speckscheiben** auf den Kartoffeln verteilen.

Den **Parmesan** in einer kleinen Schüssel mit **Bergkäse** und 2–3 EL **Sahne** gut verrühren und auf den Kartoffeln und dem Speck verteilen.

Die Form mit Alufolie abdecken und in den vorgeheizten Backofen (Mitte) stellen.

Das Kartoffelgratin etwa 1 Stunde backen. Nach etwa 45 Minuten die Alufolie abnehmen und das Gratin offen bräunen lassen.

Das cremige Kartoffelgratin aus dem Ofen nehmen, kurz ruhen lassen und dann zum Beispiel mit einem frisch angemachten Blattsalat servieren.

ÜBRIGENS …

Dieses Rezept ist vielleicht nicht für die schlanke Taille geeignet. Dafür aber umso mehr für Herz und Seele.

Marinierter Honigschinken mit Thymian im Blätterteig

FÜR 3–4 PERSONEN

FÜR DEN HONIGSCHINKEN

- 1 EL **Honig** (15 g)
- 1 EL mittelscharfer **Senf** (15 g)
- 2 Prisen getrockneter **Thymian**
- 1 kleiner gekochter **Nussschinken** (1 kg; am besten beim Metzger vorbestellen)

FÜR DEN BLÄTTERTEIG

- 1 Rolle **Blätterteig** (Kühlregal; etwa 250 g)
- 1 Bio-**Landeigelb** (M)
- 1 TL **Schlagsahne**
- 2 Prisen **Fenchelsamen**
- 2 Prisen **Fleur de sel**

Den Backofen auf 200 °C (Ober- und Unterhitze) vorheizen. Ein Backblech mit Backpapier belegen.

Den **Honig** mit **Senf** und **Thymian** in einer kleinen Schüssel glatt verrühren und den **Schinken** ringsherum damit bestreichen.

Den **Blätterteig** auf der Arbeitsfläche ausbreiten und den Schinken mittig aufsetzen.

Das **Eigelb** mit der **Sahne** glatt verrühren. Den Blätterteig an den beiden Längsseiten im Abstand von je 5 cm bis zum Schinken einschneiden. Die Ränder ringsherum mit dem verrührten **Eigelb** dünn bestreichen.

Den Schinken in die Blätterteigstreifen einschlagen. Dann auf das Backblech setzen und ringsherum dünn mit Eigelb bestreichen. Gleichmäßig mit den **Fenchelsamen** und 2 Prisen **Fleur de sel** bestreuen.

Das Backblech mit dem Schinken in den vorgeheizten Backofen (Mitte) schieben und den Schinken 25–30 Minuten goldbraun backen. Falls die Oberfläche zu dunkel wird, einfach mit Alufolie abdecken.

Den Schinken aus dem Ofen nehmen und etwas auskühlen lassen. Lauwarm servieren, zum Beispiel zum Osterbrunch mit Krautsalat.

ÜBRIGENS …
Dieses Gericht erinnert mich an meine Kindheit, an große Braten im Blätterteig. Mit Schinken gelingt das Gericht immer. Die perfekte Mischung aus bodenständig und raffiniert.

Ganzes Maishähnchen im Salzteig gebacken mit Avocadodip

FÜR 2 PERSONEN

FÜR DEN SALZTEIG

750 g **Weizenmehl** (Type 405) plus mehr zum Verarbeiten

500 g **Salz**

2 EL **Olivenöl**

FÜR DAS MAISHÄHNCHEN

1 **Maishähnchen** (1,5 kg), küchenfertig

Salz

½ **Zwiebel** (60 g), geschält und in grobe Stücke geschnitten

½ Bio-**Zitrone,** in grobe Stücke geschnitten

2 **Knoblauchzehen,** geschält, in Scheiben geschnitten

1 **Kräuterbund** (20 g) **(Petersilie, Thymian** und **Rosmarin),** gewaschen und grob geschnitten

20 g **Butter,** in dünne Scheiben geschnitten

FÜR DEN AVOCADODIP

100 g **Tomaten,** gewaschen, vom Strunk befreit und in feine Würfel gehackt

Saft vund 1 Msp. Abrieb von ½ Bio-**Zitrone**

Salz

brauner **Zucker**

1 Prise **Chiliflocken**

1 EL **Schnittlauchröllchen**

3 Stängel **Petersilie,** gewaschen, Stiele und Blätter fein geschnitten

100 g **Avocadofruchtfleisch,** in feine Würfel geschnitten

2 EL **Olivenöl**

KÜCHENHELFER

Küchenmaschine mit Knethaken

Nudelholz

Für den Salzteig alle Zutaten mit 500 ml Wasser in die Schüssel der Küchenmaschine geben und mit dem Knethaken langsam beginnend etwa 5 Minuten zu einem glatten Teig verkneten. Den Teig in Frischhaltefolie wickeln und etwa 30 Minuten ruhen lassen.

Den Backofen auf 200 °C (Ober- und Unterhitze) vorheizen und ein Backblech mit Backpapier belegen.

Das **Maishähnchen** von innen mit kaltem Wasser ausspülen und gut trocken tupfen. Von innen und außen mit 3–4 Prisen **Salz** würzen, dabei das Salz besonders gut in die Haut einmassieren.

Die **Zwiebel-** und **Zitronenstücke** mit **Knoblauch** und den **Kräutern** in einer Schüssel vermengen und den Bauchraum des Hähnchens damit füllen. Die Haut an der Brustseite leicht mit den Fingern lösen und die **Butterscheiben** unter die Haut stecken.

Den Salzteig auf einer bemehlten Arbeitsfläche etwa 1 cm dick zu einer Größe von ungefähr 55 x 35 cm ausrollen.

Das Hähnchen mit der Brustseite nach unten auf die Mitte der Teigplatte setzen, die Enden des Teiges dünn mit kaltem Wasser bepinseln. Den Teig jetzt locker und vorsichtig über das Hähnchen legen, die Enden umschlagen, leicht andrücken und den Teig so in Form bringen. Falls der Teig reißt, einfach von den umgeschlagenen Enden etwas Teig abnehmen, flach drücken, dünn mit Wasser bepinseln und den Riss damit verschließen.

Das gut verpackte Hähnchen mit der Brustseite nach oben (überlappender Verschluss zeigt nach unten) auf das Backblech setzen und im Backofen (Mitte) etwa 1 Stunde 30 Minuten backen.

Kurz vor Ende der Garzeit den Avocadodip zubereiten. Dazu die **Tomaten** mit **Zitronensaft, -abrieb,** 2 Prisen **Salz,** 2 Prisen **Zucker,** 1 Prise **Chili, Schnittlauch** und **Petersilie** mischen und 10 Minuten ziehen lassen. Dann die **Avocadowürfel** und das **Olivenöl** unterheben und nochmals abschmecken.

Das gebackene Hähnchen aus dem Ofen nehmen und 10 Minuten ruhen lassen. Den Teig am besten mit einem Sägemesser ringsherum aufschneiden, den Deckel aufklappen und das Hähnchen vorsichtig herausheben. Das Fleisch vom Knochen lösen, aufschneiden und mit dem Avocadodip servieren.

ÜBRIGENS …

Geschmackliche Freude für jeden Feinschmecker! Es ist ein wenig Arbeit, lohnt sich aber garantiert.

Ganzer Zander im Meersalz gegart

FÜR 2–3 PERSONEN

FÜR DIE SALZKRUSTE

4 Bio-**Landeiweiß** (L)

2,5 kg ungereinigtes **Meersalz**

FÜR DEN FISCH

1 **Zander,** küchenfertig (etwa 1,2 kg)

ein paar Tropfen **Olivenöl** zum Einstreichen

1 TL **Korianderkörner,** im Mörser fein zerstoßen

1 TL **Fenchelsamen,** im Mörser fein zerstoßen

1 TL schwarze **Pfefferkörner,** im Mörser fein zerstoßen

2–3 Stängel glatte **Petersilie,** gewaschen

2–3 Stängel **Dill,** gewaschen

etwas **Zitronensaft**

ZUM ANRICHTEN

etwas **Olivenöl** zum Beträufeln

Fleur de sel

schwarzer **Pfeffer** aus der Mühle

2–3 **Zitronenspalten**

KÜCHENHELFER

Mörser

Den Backofen auf 200 °C (Ober- und Unterhitze) vorheizen.

Die **Eiweiße** in einer großen Schüssel mit einem Schneebesen verquirlen und das **Meersalz** unterrühren.

Ein Backblech mit Backpapier belegen. Etwa ein Drittel des Meersalzes diagonal in der Länge des Fisches darauf verteilen.

Den **Zander** von außen mit wenig Olivenöl bestreichen. Dann von innen und außen mit **Koriander, Fenchel** und **Pfeffer** einreiben. Die Bauchhöhle mit **Petersilie** und **Dill** füllen und den Fisch mit etwas **Zitronensaft** beträufeln.

Den Zander auf das Salzbett legen. Das restliche Salz auf dem Fisch verteilen und gut festdrücken. Der Fisch sollte vollständig mit dem Salz bedeckt sein. Das Backblech mit dem Zander in den vorgeheizten Backofen (Mitte) schieben und den Fisch 35–40 Minuten garen.

Den Zander aus dem Ofen nehmen, etwas ruhen lassen, die Salzkruste mit einem Sägemesser aufschneiden, den Deckel abnehmen.

Die Fischhaut abziehen und die glasig gegarten Fischfilets vorsichtig und möglichst ohne Salzkruste herauslösen. Die Filets gleich auf vorgewärmten Tellern anrichten und mit etwas **Olivenöl** beträufeln. Mit 3–4 Prisen **Fleur de sel** und etwas schwarzem **Pfeffer** würzen, je nach Geschmack mit etwas **Zitronensaft** beträufeln und zum Beispiel mit einem cremig angemachten Gurkensalat und frisch geriebenem Meerrettich servieren.

ÜBRIGENS ...

Manchmal sind die Augen größer als der Backofen. Achten Sie beim Einkauf darauf, dass der Fisch auch auf Ihr Backblech passt!

Weißkohl mit Orangen-Petersilien-Butter und Tiroler Speck

FÜR 2 PERSONEN

FÜR DEN WEISSKOHL

1 kleiner junger **Weißkohl** (etwa 900 g), gewaschen, geputzt, grober unterer Strunk abgeschnitten

Salz

FÜR DIE ORANGEN-PETERSILIEN-BUTTER

je 1 gute Prise **Fenchelsamen, Korianderkörner** und **Kümmelsamen**

40 g **Butter**

Salz

schwarzer **Pfeffer** aus der Mühle

1 Bio-**Orange,** Schale von einer Hälfte fein abgerieben, Fruchtfleisch filetiert, Saft dabei auffangen

2 Stängel glatte **Petersilie,** gewaschen, Blätter abgezupft und grob gehackt

ZUM ANRICHTEN

100 g Tiroler **Speck,** hauchfein aufgeschnitten

KÜCHENHELFER

Mörser

Den Backofen auf 200 °C (Ober- und Unterhitze) vorheizen.

Den **Weißkohl** sternförmig etwa bis zur Hälfte in acht Segmente einschneiden und in eine passende Ofenform setzen. Mit 350 ml heißem **Salzwasser** begießen, die Form mit Alufolie abdecken und die Ränder gut verschließen.

Den Kohl im Backofen (Mitte) etwa 1 Stunde 45 Minuten garen, bis er weich ist, aber noch Biss hat. Je nach Kohlsorte kann die Garzeit abweichen, also immer mal wieder mit einer Fleischgabel den Garpunkt kontrollieren.

Kurz vor dem Anrichten **Fenchel, Koriander** und **Kümmel** im Mörser fein zerreiben. Die **Butter** in einer Pfanne aufschäumen lassen, mit 2 Prisen **Salz** und etwas **Pfeffer** würzen. Die Gewürze einstreuen, **Orangensaft** und **-abrieb** hinzufügen, die **Petersilie** dazugeben und kurz durchschwenken. Erst jetzt die **Orangenfilets** einlegen und die Pfanne vom Herd ziehen.

Den gegarten Weißkohl aus dem Ofen nehmen, mit der Orangenbutter und dem Tiroler **Speck** anrichten und servieren.

ÜBRIGENS …

Schon seit Jahren gehört diese Zubereitung des Weißkohls zum festen Repertoire meiner Sterneküche. Voilà, nun gehört sie auch in Ihres!

Geheimnisse und Profitipps vom Sternekoch

Warum sollte man unterschiedliche Konsistenzen kombinieren?
Das Spiel der Konsistenzen erhöht die Lust am Essen. Dass es nicht nur auf den Geschmack ankommt, sagt schon der Spruch »Das Auge isst mit.« Durch das Zusammenspiel der verschiedenen Texturen ist neben Geschmack und Sehen nun auch der Tastsinn am Genuss beteiligt, denn Zunge und Gaumen ertasten mal etwas Weiches, dann etwas Festes, dann wieder etwas Cremiges ... Wir kennen das von den Klassikern. Nehmt nur eine Berliner Leber mit Kartoffelpüree: Die feste Leber, das cremige Püree – und dazu kommen ausgebackene Zwiebeln, die sind knusprig. Und wenn eine Komponente mal besonders crunchy ist, ist sogar unser Gehör noch mit dabei. Kurz: Je mehr Sinne sich an unserem Essen erfreuen, desto mehr Spaß macht ein Gericht. Deshalb sind die Konsistenzen so wichtig für die Lust am Essen.

Wie gelingt das perfekte Steak?
Wenn ein Steak misslingt, liegt das oft an einem grundsätzlichen Fehler: Die Pfanne ist zu heiß. Wenn das Fett schon zu rauchen beginnt, dann ist die Temperatur deutlich zu hoch. Denn jenseits von 160 °C spricht man nicht mehr von »braten«, sondern von »frittieren«, und das Fleisch wird trocken. Dass das Fett die richtige Temperatur hat, kann man hören: Beim Einlegen des Steaks brutzelt es leicht. Wenn diese Hürde genommen ist, geht's weiter, indem man das Steak von beiden Seiten anbrät. Danach gare ich es im Ofen bei 100 °C Ober- und Unterhitze fertig. Zum Aromatisieren kommt das Steak dann mit reichlich Butter in eine heiße Pfanne. Die Butter einmal aufschäumen lassen und nach Belieben jede Menge Gewürze und Kräuter dazugeben. Das Fleisch dabei immer wieder mit der Aromabutter beträufeln, dann kann es den Aromen einfach nicht widerstehen.

Wie brate ich den perfekten Fisch?
Ähnlich wie beim Steak gilt: Die Pfanne darf nicht zu heiß sein. Wenn die Temperatur zu hoch ist, zieht sich der Fisch zusammen. Wenn der Fisch auf der Haut gebraten werden soll, muss er natürlich geschuppt sein. Auf der Hautseite bestäube ich ihn immer mit etwas Mehl, egal, ob er seine Haut noch hat oder nicht. Zum Braten verwendet man am besten eine beschichtete Pfanne, denn in einer Edelstahl-Pfanne klebt Fisch gern an. Ich brate den Fisch langsam darin, bei mittlerer Hitze, und wende ihn einmal. Dann kommen Butter und Aromen hinzu ... und schon wird der Fisch ein Hit.

Welches ist die bevorzugte Garmethode für Gemüse?
Zum einen lege ich Gemüse unheimlich gern ein, ich »pickle«! Ich liebe diese uralte Methode, Gemüse haltbar zu machen. Das Gemüse wird zarter, schmeckt würzig und ist so auch noch unglaublich gesund. Ansonsten brate ich Gemüse gern. Denn

beim Bratvorgang geht Wasser verloren, sodass der Geschmack viel intensiver wird. Je nach Laune und nach Gericht brate ich das Gemüse so an, dass Röststoffe entstehen – oder ich dünste es hell an.

Wieso werden Tomaten besser geschält?
Die Haut schützt die Tomate – leider im Zweifelsfall auch vor Aroma. Wenn wir beispielsweise eine Kirschtomate ganz verarbeiten, kann sie kein Aroma aufnehmen. Wenn wir sie halbieren, geht es immerhin über die Schnittstelle, aber am besten klappt es natürlich, wenn die Haut entfernt wurde. Ich finde, für das Mehr an Geschmack lohnt die kleine Mühe. Nur bei Suppen und Saucen kann man sich das Häuten sparen, wenn man das fertige Gericht durch ein Sieb passieren und so die Haut entfernen kann.

Womit würze ich und wann?
Salz und Pfeffer – mehr braucht Fleisch nicht. Und ich würze Fleisch unbedingt vor dem Anbraten, das ergibt einen besseren Grundgeschmack. Denn nach dem Braten können die Gewürze nicht mehr so gut ins Fleisch eindringen. Kurz vor dem Servieren kann ich immer noch mit einem tollen Salz, zum Beispiel einem Fleur de sel, nachwürzen, damit erreicht man einen schönen Twist.

Wie setze ich Currymischungen am besten ein?
Ein Curry besteht aus so vielen verschiedenen Gewürzen, dass man damit ganz unterschiedliche Geschmacksbilder zaubern kann: blumig, feurig, mild, würzig ... Bei klassischen indischen Gerichten gibt es natürlich Regeln, welche Currymischungen sich mit welchem Gericht am besten vertragen. Doch für mich steht Curry für die Freiheit, auszuprobieren und zu experimentieren. Ich kombiniere Currymischungen oft mit ganz anderen, gar nicht asiatisch inspirierten Gerichten, und das macht für mich einen besonderen Reiz aus.

Wie kann man Grundzutaten der asiatischen Küche mit heimischen kombinieren?

Die asiatische Küche ist in Europa schon seit Jahren sehr beliebt, das geht von der puren japanischen Küche über die knackig-frischen Zubereitungen Thailands bis zu den opulent gewürzten indischen Gerichten. Wenn wir heute in unsere Küche asiatische Aromen einbinden, dann erreichen wir damit ein modernes Geschmacksbild. So können wir auch klassische Gerichte aus unserer Heimat in einem anderen aromatischen Bild darstellen. Ich finde, dass die Küchen verschiedener Länder oder Regionen einander sehr bereichern können, wenn man nur den Mut hat, Ungewohntes miteinander zu kombinieren.

Warum wird Sojasauce aufgekocht?

Den Hinweis habe ich von einem erfahren Kochkollegen aus Japan, der mir sagte: »Erst durch das Aufkochen wird die Sojasauce elegant und fein.« Er hat es mir auch im Detail erklärt, aber ganz ehrlich: Ich habe es nicht verstanden. Also habe ich während seiner Erklärung einfach wissend genickt und am Ende gesagt: »Ja, so würde ich es auch machen, klar!« Natürlich habe ich es zu Hause dann gleich versucht, und obwohl ich immer noch nicht verstehe, was beim Aufkochen genau passiert, kann ich nur sagen: Man schmeckt den Unterschied.

Register

G

H

I

K

L

M

O

P

R

DANKE

Impressum

Rezepte und Texte Alexander Herrmann
Rezeptentwicklung, Texte, Foodstyling Monika Schuster, www.monika-schuster.de
Foodfotografie Sandra Eckhardt
Versuchsküche Anka Köhler, Küchenmeisterin
Peoplefotografie Bodo Mertoglu
Maske Peopleshooting Christina Venjara
Assistenz Peopleshooting Sandra Singh
Lektorat Elke Sagenschneider
Innengestaltung, Typografie, Realisation Julia Otterbach
Covergestaltung Christine Rühmer
Kommunikation Alexander Herrmann: Oliver Wirtz, Sundance Communications GmbH

Für den DK Verlag:
Programmleitung Monika Schlitzer
Redaktionsleitung und Projektbetreuung Anne Heinel
Herstellungsleitung Dorothee Whittaker
Herstellungskoordination Julia Fink
Herstellung Christine Rühmer

Der Verlag dankt für die Bereitstellung der Requisiten beim Fotoshooting:
Annika Schüler Porcelain www.annikaschueler.de
Atelier Harald Sulak (Untergünde)
Geliebtes Zuhause www.geliebtes-zuhause.de
Staub, ZWILLING J.A. Henckels

ISBN 978-3-8310-3832-9

Repro Farbsatz, Neuried/München
Druck und Bindung DZS Grafik, Slowenien

FSC www.fsc.org MIX Papier aus verantwortungsvollen Quellen FSC® C106600

www.dk-verlag.de

Hinweis
Die Informationen und Ratschläge in diesem Buch sind vom Autor und vom Verlag sorgfältig erwogen und geprüft, dennoch kann eine Garantie nicht übernommen werden. Eine Haftung des Autors bzw. des Verlags und seiner Beauftragten für Personen-, Sach- und Vermögensschäden ist ausgeschlossen.